経済学の余白

keizaigaku no yohaku

根井雅弘

nei masahiro

白水社

経済学の余白

装　幀＝藤井紗和
カット＝佐貫絢郁
組　版＝鈴木さゆみ

経済学の余白＊目次

はしがき

本書は、私の初めてのエッセイ集である。ウェブ上の新聞（日経フィナンシャル）と日本経済新聞夕刊一面エッセイ「あすへの話題」に書いたものを再編集して出来上がった。

私の専門は経済学史なので、アダム・スミスやケインズなど著名な経済学者たちについてのエッセイを書いたことはいくらでもあるが、とくに日経夕刊の連載の場合は、経済に限らず、文化、京都、歴史、音楽などにまたがる多様なエッセイを書くことを心がけたつもりである。このような話題は、ふだん私と付き合いのある人たちとの間でもごくまれにしか話したことがないものばかりなので、エッセイを読んで初めて私の関心事を知った読者も多かったようだ。

私は縁あって京都で長く大学教授をつとめているが、青春時代を過ごした東京のことを忘れたことは一度もない。ときどき、東京に住んでいた人間が初めて京都の歴史や文化に触れたときの驚きや気づきなどについて書いたエッセイが含まれているのはそのためである。いまでも、仕事の関係で京都と東京の間を行き来することが多いが、両方の文化や歴史の違いを明確に意識するようになったのは、五十歳を過ぎてからといっても過言ではない。

図らずも、二〇二三年は、日経フィナンシャルでは教養面の経済思想を、日経夕刊では一般の読者向けのエッセイを書くという日経ずくめの年になった。その記録というべき本書を企画・編集してくれたのは、白水社の担当編集者、竹園公一朗氏である。経済思想史家の書いたエッセイ集は、彼なしには企画成立しなかっただろう。記して感謝したい。

二〇二四年二月七日　京都大学経済学部研究室にて

根井雅弘

I　経済学者の歳時記

春の訪れ

卒業式が近づくと、東京から京都に越してきた当時のことを思い出す。京都に来たのは、大学院で経済学を研究するためだったが、博士課程を修了してもそのまま大学に残ることになったので、もうかれこれ四十年近く住んでいることになる。

京都暮らしが二十年くらいになった頃、上七軒歌舞練場の「北野をどり」を鑑賞することで春の訪れを感じることが増えた。北野をどりは三月二十日前後に始まるので、季節はちょうど梅の時期が終わり、桜が開花し始めるときに当たっている。

もう十年も前だが、東京の大学で長唄研究会に所属している学生たちと知り合いになり、その中に北野をどりの大ファンがいたので、皆で観賞しようということになった。近くには菅原道真を祭った北野天満宮があるが、有名な梅花祭（二月二十五日）の頃は、梅はずいぶん咲いてはいるものの、まだ寒くて「春」という感じではない。しかし、その一カ月後は、朝夕は肌寒いものの、日中は春の陽気に近づく。コロナ禍での中止や延期もあったが、今年は久しぶりに三月での開催である。いつ観てもフィナーレの「上七軒夜曲」は壮観である。

東京にもたくさんの観るべき名所があったはずだが、まだ若くて感受性が足りなかったのか、それほど足が向かなかった。むしろ今になって初めて、湯島天満宮の梅や六義園の枝垂れ桜などがどうなっているかが気になり出した。私の中で何かが起こったとしか言いようがない、不思議な変化である。京都がそのような季節感を与えてくれたのならば、この古都に感謝しなければならない。

（二〇二三年三月二十三日）

桜

桜のシーズンになった。京都もコロナ禍では観光産業が大きな打撃を受けたが、コロナ禍からの出口がようやく見え始めた今年は、どこの桜の名所も観光客で賑《にぎ》わうに違いない。私は、桜の時期は、早咲きと遅咲きを狙って花見に出かけることにしている。理由は単純で、ソメイヨシノが満開の頃は人が多すぎて桜を愛《め》でるどころではないからである。

三月中旬に差しかかると、烏丸通に面した有栖川宮旧邸（現在の平安女学院有栖館）の早咲きの枝垂れ桜の咲き具合を確かめる。というのは、それとほぼ同時期に、京都御所の今出川御門から入ってすぐの近衛邸跡の糸桜（枝垂れ桜の一種だが、名前の通り糸のように細い）が咲き始めるからである。

糸桜は御所の外からは見えないが、いま書いたように、烏丸通を見れば見頃《みごろ》はいつになるか、おおよそ予測できる。例年、この経験則はほぼ外れない。パソコンやスマホでSNSの情報を見ればよいではないかという人もいるだろうが、たとえ外れても、自分の経験則を大事にしたい。

私が観《み》に行くときは、だいたい、五分咲きから七分咲きといったところだが、まだ人出は多くないので、ゆっくり鑑賞できる。今年も十分に堪能した。昨年、近くに休憩所までできたので、温かいお茶を飲みながらでも糸桜を観られるようになった。贅沢《ぜいたく》なひと時である。

生粋の京都人は、おそらく桜の時期にわざわざ行楽地には行かないだろう。京都通の観光客ほど行動範囲は広くない。つまり私も「お上りさん」と同じなのだ。

（二〇二三年三月三十日）

むごい運命

入学式が近づいた。実は、今年は、式の後におこなわれる新入生へのガイダンスで、京都大学経済学会主任としてやらねばならない気の重い務めがある。

経済学部は、百年以上の伝統のある学術誌と、これも戦前からある最も古い欧文紀要を発行していた。だが、諸経費がかさみ、ついに昨年、二つの雑誌を統合し、今年度の四月からすべてオンライン化することが決まった。オリエンテーションの場でその報告をしなければならないのだ。

別に驚くべきことではないのではないかと思われるかもしれない。だが、二つの学術誌は、かつて、わが国の経済学界で重きをなした学者たち（河上肇、高田保馬、柴田敬、青山秀夫、森嶋通夫、等々）が名論文を発表してきた伝統があり、内心、

その統合オンライン化の提案は通らないかもしれないと思っていた。ところが、「経費削減」の大義名分であっさりと承認されてしまったのである。紙媒体の雑誌が消えるわけだから、移行期間には事務局とともにその作業に従事しなければならなかったが、ようやくそれも終わってオンライン化の目処《めど》がついた頃、やはりある種の寂しさを感じざるを得なかった。

私は紙の本や雑誌に特別の愛着を持っている一人であり、自分が出す本の装画や装幀《そうてい》については、担当の方々に直接お会いして依頼するのを慣習にしてきた。その私が編集責任者のときにオンライン化されるとは、なんともむごい運命である。同窓会に出たとき、先輩の名誉教授たちにどう申し開きをすればよいのか。それを考えると、今から頭が痛くなる。

（二〇二三年四月六日）

オンライン授業

新年度の授業が始まった。今年から一部例外を除いて対面授業の全面復活である。

だが、コロナ禍でオンライン授業を経験してみて、いくつか学んだことはある。大人数の講義の場合、ズームなどを使った講義は、相手の顔が見えないので、当初はひどく疲れを覚えた。誰に向かって話しているのかわからない状況では、慣れない教員はペースがつかめない。パソコンやタブレットの画面を見ている学生も、相当にストレスがたまったに違いない。ある雑誌で、オンラインの講義や会議の後、脳が疲労し、しばらくソファで横にならないといけなかったという記事を読んだことがある。確かに似たような経験はあった。

意外だったのは、オンライン授業で、対面よりも質問が増えたことだった。ズームのチャット機能を使って「何か質問があったら書き込んで下さい」と呼びかけると、ふだんの数倍の質問が出てきた。もしかしたら、対面だと恥ずかしさもあってなかなか手を上げられない学生が、チャットなら気軽に質問できたということなのだろうか。授業を十分ほど延長して対応したものである。

ところで、最近では、教員は自分が担当する講義科目（経済学史、現代経済思想など）について詳細なシラバスを書くことを要求される。例えば、前期十五回分の予定を書いていないと修正要求が出る。予定通りに行かないのが講義の面白さなのだが、この動きに逆らえない。私が学生の頃は、教授が脱線するのが楽しかった。そこだけが記憶に残っていたものだが、もはや昔話になりつつある。

（二〇二三年四月十三日）

大河ドラマ

「黄金の日日」(一九七八年)の頃からのＮＨＫ大河ドラマのファンである。まだ十代の青年だったので、正義感にあふれ、果敢な行動をとる当時の市川染五郎(現松本白鸚)の演じる助左(ドラマでは後に納屋助左衛門となる)に惹《ひ》かれた。配役は織田信長に高橋幸治、豊臣秀吉に緒形拳、今井宗久に丹波哲郎、徳川家康に児玉清など、実に豪華なものだった。

当時、わが家は「週刊朝日」を定期購読していたが、毎週届くたびに、雑誌の後ろのほうにあった大河ドラマの紹介コーナーを探したものだ(そのコーナーはいつの頃からか、なくなった)。写真入りの見開き二ページだったと記憶している。開始早々好きになったので、城山三郎の原作も読んでみたが、こちらはどちら

かといえば淡々とした物語で拍子抜けしたくらいだ。ドラマの脚本を書いた市川森一らやスタッフが「黄金の日日」を堺とルソンをつなぐ壮大な物語に仕上げたのを知ったときは、ちょっとした「驚き」だった。歴史ドラマは史実をある程度忠実に反映しなければならないと思っていたからだ。

十年ほど前、現在の大河ドラマ「どうする家康」の時代考証の一人で、戦国史研究で有名な小和田哲男さんと知り合いになった。小和田さんの著書を、私がある新聞の書評欄で取り上げたのがきっかけだった。気さくな方だった。時代考証の仕事は、必ずしもアドバイスが制作側に聞き入れてもらえないこともあって苦労が多いらしい。それでも小和田さんがその仕事を引き受けるのは、何らかの「驚き」を期待しているからかもしれない。

（二〇二三年四月二十日）

独立の気概

ゴールデンウイーク直前である。私たちが学生の頃は、この時期になると、旅行に出かけたり帰省したりしたものだが、最近の学生は真面目で、休日に挟まれた平日の授業の出席率も予想以上に高い。もっとも、ここ数年はコロナ禍で対面授業も少なかったので、それもよいのかもしれない。

東京から京都に越してきたとき、当初、一番驚いたのは、大学まで自転車で通う学生が多いことであった。入学者の圧倒的多数は関西圏からだが、大阪や神戸から電車で通う学生は別として、市内に下宿している学生は自転車、ときにバイクを使う。街の規模が東京とは違うし、地下鉄も何本も通っているわけではないから、それはそれで慣れれば便利なのだろう。だが、東京にいた頃は、わざわざ

電車の各駅停車にゆったり乗って好きな本を読みながら通学していた私からみると、読書の時間が削られるようでもったいない気がした。

関西圏からの進学者が多いことは、場所からいって当然だが、私自身はもっと東のほうから進学してほしいと思っている。かつて哲学者の三木清は、第一高等学校から京都帝国大学に進学し、西田幾多郎に師事した。初代総長・木下広次も、京都帝大は、東京帝大の「文校」でも「小摸形」でもない、「全く独立の一大学」たるべきことを新入学生の宣誓式で述べていたという（『京都大学百二十五年史　通史編』）。だが、京都らしい学問を担う逸材がいなければ、東から学生を呼び込むには難しい。東京の流行を追わずに自分らしいテーマを探せと昔はよく師匠に言われたが、それはいうほど簡単ではない。悩みは深い。

（二〇二三年四月二十七日）

名前の読み方

名前の読み方は難しい。外国文献研究のような少人数のクラスをもつと、学生の名前を読み間違えては失礼なので、いちいち確認する。例えば、名簿に「神谷」とあれば「かみや」さんですか、それとも「かみたに」さんですか、と。ちゃんと書き込んでおかないと、ふとしたときに読み間違う。

私の専門は経済学史だが、経済学の偉人たちの名前の読み方が確立しているかといえば、事実はそうではない。例えば、自由貿易の利益を説いたRicardoは、自分の教科書では「リカード」と表記しているが、「リカードウ」に固執する専門家もいる。以前、あるリカード研究者に、cardoのところはほとんどcardの発音と同じだと聞いたことがあり、それなら「リカード」でもよいのではないかと

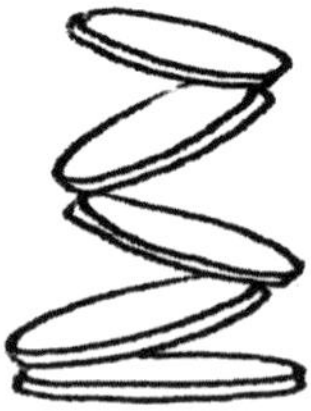

思ってきた。

だが、いまやネット上に発音辞典または発音ガイドのようなウェブサイトがあり、発音した音声が聞けるようになった。どれだけの人が発音しているかにもよるが（サンプルの数は大事だ）、どうも「リカードウ」のように聞こえなくもない。

名前の読み方の違いで、その人の理論や思想の解釈がまるで変ってしまうのならともかく、ふつうはそんなことはない。「リカード」と発音して、外国の研究者に変な顔をされた経験もない。

とここまで書いて、一番大切な例を忘れていたことに気づいた。昔、Keynesを「キーンス」と発音した例があった。本人も「ケインズ」の間違いだと訂正したというから、気になったのだ。やはり名前の読み方には注意が必要なのだ。

（二〇二三年五月十一日）

福沢諭吉とミル

昨年たまたま福沢諭吉の「学問のすすめ」の刊行が始まって百五十年になることを知った。「学問のすすめ」は数年にわたって刊行されたので、慶応義塾の公式ユーチューブチャンネルを観《み》ると、まだ百五十年プロジェクトが進行中なのがわかる。

福沢諭吉は、学問の世界では、経済よりも政治思想史の研究者が取り上げることが多いが、もちろん、経済に関係がないわけではない。もう二十年近く前だが、私は、福沢の「文明」の根底には彼が学んだ経済学の素養があったという、坂本多加雄氏の著作に非常に啓発された。つまり、人々は売買を通じて貸し借りなしの関係に置かれる。そこに「相互性」または「互酬性」が生まれる。それは「文

明」以前の例えば儒教的社会における上下関係の対極にあるというのだ（『新しい福沢諭吉』）。

多方面で活躍するタレントの桜井翔さんは、伊藤公平塾長との対談で、何度か福沢が儒教をディスっている（若い人がよく使う「リスペクト」の対義語）と言っていた。確かに、福沢は自分が生きた時代の儒教には否定的だった。だが、彼が同時に、世の中の多数派に抗してでも、合理的思考を妨げ、革新を忌避するようなすべてに反対する気概を持っていたことも忘れるべきではないと思う。その時代の多数派になびくことは簡単だが、それにあえて異を唱えるのは勇気が要る。

そういえば、今年没後百五十年に当たるJ・S・ミルも、名著『自由論』の中で、多数派の専制を抑えるには変わり者がいたほうがよいのだと主張していた。福沢とミルが言っていることは、本質的に同じである。

（二〇二三年五月十八日）

ジャズと即興

以前、日経朝刊の「交遊抄」にジャズバイオリニストの牧山純子さんのことを書いたら、長年のジャズファンの方から、「あなたはジャズを聴くのですか？」と驚いた反応がきた。私はクラシック一筋と思われていたようだ。

牧山さんはクラシックで鍛えられたが、フランスでイツァーク・パールマン（クラシックの著名なバイオリニスト）が弾いているジャズの名曲アルバムを聴いて、ジャズに転向する。だが、クラシック出身の音楽家は、当初ジャズのアドリブをどう演奏すればよいのか戸惑うものらしい。

もう少しジャズを聴いてみようと思った。東京に出たとき、昼間は喫茶店、夜はジャズのライブ会場という場所があったので、当時新進のピアニスト兼作曲家

の持山翔子さん（のちに西野カナさんの「トリセツ」の作曲に加わり、自分のバンドを率いてメジャーデビューも果たした）が、歌手のRyu Miho（柳美帆）さん（群馬県中之条町の観光大使でもあるが、彼女もまもなくメジャーデビューした）と共演するのを何回も聴いた。お二人にジャズ初心者の私でもお話しすることができ、沢山《たくさん》のことを教えてもらった。

ジャズのアドリブとか即興とか呼ばれているものは、古典を扱う学問では御法度である。ただ、初心者に教えるには、難しいテキスト通りに教えても、なかなか理解してもらえない。そこで、あるとき、テキストの改編はしないが、登場人物にフィクションの要素を取り入れて経済学入門を書く仕事をやってみた。意外に好評で中国語訳まで出た。ジャズに触れた偶然が少しは生かされたのだとしたら嬉《うれ》しいことだ。

（二〇二三年五月二十五日）

ケインズ伝

六月五日は、ケインズの誕生日である。今年は生誕百四十年に当たっている。それに合わせるように、ロバート・スキデルスキーによる大部（全三巻）のケインズ伝を一冊に短縮した本の日本語版が出版された（全二巻、日本経済新聞出版）。大部の伝記は、出版当時、ケインズの愛《まな》弟子だったロイ・ハロッドの『ケインズ伝』が師匠を美化し過ぎているのを批判している部分が注目されたが、すでに古い話で蒸し返す価値はない。ここ十数年、インターネット上の論壇誌「プロジェクト・シンジケート」に発表されたスキデルスキーの論文だけを読んできた読者は、英保守党政権の緊縮政策を批判し、金融の量的緩和ではなく財政支出拡大による景気回復を主張する、今の言葉では「オールド・ケインジアン」のイ

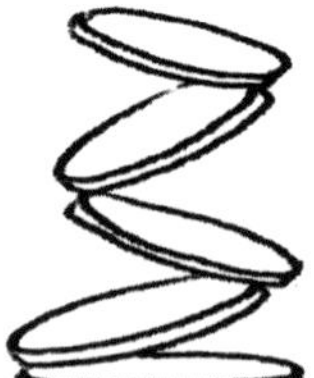

メージを持つと思う。

だが、もともと、彼がオックスフォード大学ジーザス・カレッジで学んだのは歴史である。政治史の分野での『政治家と不況』が出世作だったが、やがてケインズの伝記に取り組み、全三巻を書き終えたのは二〇〇〇年のことである。経済学の訓練は、親しかった二人の著名な経済学者（ニコラス・カルドアとイアン・リトル）から受けた。英米で普通に教育された「経済学者」ではなかったが、英ウォーリック大学経済学教授（一九九〇年）にもなったのだから立派なものである（現在は名誉教授）。

八六年、英イースト・サセックス州ティルトンにある、ケインズのかつての別荘を手に入れている。もし「ケインズの魂に導かれて書いている」と言われたら（それはないが）、私たちはとても反論できない。

（二〇一三年六月一日）

イノベーション

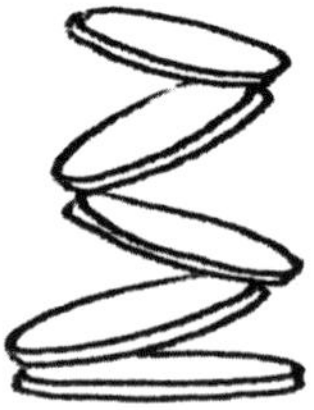

私の学生時代の最大のヒット商品は、ソニーのウォークマンだった。その「生みの親」と呼ばれる黒木靖夫さんは、私の父や伯母の高校時代の同級生だった。伯母や亡き母の実家にも近く、祖母が高校時代の黒木さんを可愛《かわい》がっていたらしい。黒木さんは、終生そのことを感謝していた。
私はシュンペーターの経済学を勉強していたので、私たちの音楽の聴き方を根底から変化させた、まさにイノベーションの好例と言ってよいウォークマンがどのように生まれたのか、その話だけはいつか聞いてみたかった。だが、黒木さんは、いつも忙しかった。お宅に夕方にお邪魔して奥さまやお嬢様の作ってくれる食事をご馳走《ちそう》になったあとでも、なかなか帰ってこない。夜中になることも多

かった。疲れて帰ってきた人にさらに仕事の話を訊《き》くのはヤボである。ところが、私の顔を見ると、ソニーの最新鋭のオーディオ機器で評判のレコードをかけたり、外国部次長のときに訪問した国々の話をしたりしてくれた。

結局、ウォークマンの誕生秘話は、私が京都に去った後、黒木さんが書いた『ウォークマンかく戦えり』などの本で詳しいことを知った。新しいことを試みる人は必ず抵抗勢力の反対にあう。それを克服してイノベーションが成就する。まさにシュンペーターが指摘した通りの展開だった。井深大や盛田昭夫のような本物の企業家がいた。黒木さんが生きていれば、そう言うかもしれない。そして、現場を指揮した黒木さんのご苦労も、今になって想像できるようになった。日本経済に勢いがあったあの頃が今は妙に懐かしく感じられる。

（二〇二三年六月八日）

学問とゆとり

早くも梅雨入りしているが、これから夏にかけての京都のじめじめした気候には体力を消耗しがちだ。そんな季節に、京都大学を退職後、同志社大学に移っていた経済学者の橘木俊詔さんの研究室へ出版社の編集者と一緒にたびたび訪問し、対談して一冊の本を作る仕事をしたことがある。

対談だけで一冊作るのは私には気の遠くなる話なので固辞しようと思っていたが、橘木さんの熱意に根負けして同志社通いが始まった。総計で十時間以上も対談していると思う。毎回、私と編集者は終わる頃にはへとへとになっているのに、橘木さんひとりがもう一仕事できるくらいにお元気そうに見えた。

同志社大学の今出川キャンパスの近くには、京都御所の今出川御門や相国寺、それに私がひいきにしている手作りノートのお店があるので、寄り道でもして対談に向かいたかったが、なにせ話すべきテーマが多岐にわたっており、用意すべき資料をタブレットに入れて持っていくだけでやっとだった。全く「ゆとり」のない対談になったのではないかと反省している。

学問をするには「ゆとり」が必要だというのは、論文や本を書いている最中というよりも、後になってわかることが多い。精一杯勉強して集中して書いたつもりの文章が、一時もすればなんとなくぎこちなく感じることがある。他方、着想からある程度時間を置いてから、あるとき一気呵成《かせい》に筆の赴くままに書いた本のほうが充実感がある。「ゆとり」という言葉は、ゆとり教育に使われて一部に評判が悪いが、私にはそれ以外の言葉が見つからない。

（二〇二三年六月十五日）

祇園祭

祇園祭の吉符入り（七月一日から、各山鉾《やまほこ》で日にちが違う）が近づいた。以前、付近に山鉾が建つような京都の街中のマンションに住んだことがある。一階が大家さん（すでに鬼籍に入られたが、京大医学部卒の内科医だった）の診療所と自宅になっていた。その大家さんが、吉符入りが近づく今頃から何かソワソワしていることに気づいた。山鉾保存会の役員をしておられたのだ。

マンションのすぐ近くに建つ山はそれほど大規模ではなかったが、それでも毎年祇園祭を無事成功させるには、保存会をはじめとして関係者の多くの協力が不可欠だ。年々役員の高齢化が進んだり、新築マンションは次々できるものの居住している人たちがお祭りに無関心だったりと、いろいろな問題があるようであっ

た。だが、うちの大家さんは、高齢にもかかわらず、毎年一生懸命に山鉾関係の仕事をしていた。

ある年、帰宅したときに、満面の笑みを浮かべている大家さんに遭遇した。私を見かけると同時に発した言葉は、「山一番のくじを引きました！」。山一番のくじを引くとは、巡行のときに長刀鉾の次に出発するということだった。大家さんにとっては、それほど嬉《うれ》しいことだったのだ。

祇園祭もコロナ禍では山鉾巡行が中止された年もあったが、昨年から復活したので、今頃関係者は準備に忙しく動き回っているはずだ。吉符入りすると、各山鉾の囃子《はやし》のお稽古の音ですぐわかった。今は少し離れたところに住んでいてその音は聴こえないが、大家さんの満面の笑みだけは今でも目に焼き付いている。

（二〇二三年六月二十二日）

夏目漱石の講義

最近、ホームページに興味深いウェブ連載をアップする出版社が増えてきた。あるとき、新曜社のウェブマガジン「クラルス」に、日本文学者の服部徹也さんの「夏目漱石はどんな授業をしたのか?――受講ノートを探す旅」と題する連載を見つけた。題名からひきこまれる。しかし、完全な文章の形で再現できる講義ノートが残っているわけではなく、幾人かの受講生の必ずしも表現が一致しないノートが残されているだけである。それを探す旅とは楽しい企画だ。

私が目をとめたのは次の事実だった。漱石が学生たちに人気のあった小泉八雲(ラフカディオ・ハーン)の後任の一人として、一九〇三年四月から東京帝国大学で英文学を講じるようになったとき、学生には八雲(ヘルン先生と呼ばれていた)を慕う者が少なくなく、受講ボイコットもあったこと。ところが、当初は硬かった漱石も、シェイクスピアの「マクベス」を講じる頃から急に人気が出て、満員御礼になるくらい教室が一杯になったことだ。漱石は初めから「神経衰弱」になるほど講義を忌避していたという私の思い込みは間違いだった。たとえその後にそうなったとしても、である。

漱石がマクベスの台詞《せりふ》「想像力の生みなす恐怖ほど恐ろしくはない」（白水社、小田島雄志訳）を読み聞かせてくれるのを想像するだけでも楽しい。服部さんの連載を読んでいるうちに、経済学でも、若い頃のシュンペーターが厳格な教師で学生の反抗にあったが、やがて「扉を開く」のが教師の務めであると悟って、一転人気教授になったことを思い出した。厳しさと優しさのバランスは難しいものだ。

（二〇二三年六月二十九日）

秋月鶴山と上杉鷹山

故郷のことはだんだん記憶が薄くなったが、先日、幼い子供の頃、母方の祖母の実家のお墓参りに一緒に行った夢を見た。祖母の実家は、明治維新前は日向高鍋藩の家老職にあった黒水家だった。宮崎では「黒木」の姓は数では圧倒的にトップだが、「黒水」はそれほど多くない。藩主の秋月氏は、もとは筑前の出だから、高鍋に転封されたとき一緒に移ってきたのだろうか。

高鍋藩からは、歴史に詳しい読者ならよくご存じのように、六代藩主・秋月種美の次男が米沢藩上杉家の養子に入り、藩政改革を成し遂げた名君として知られるようになる。あのケネディ大統領も尊敬していたという、上杉鷹山である。

ところが、数年前、童門冬二さんが鷹山の兄で高鍋藩主の座に就いた秋月種茂（号は鶴山）を描いた歴史小説を発表し、地元では評判になった（『小説　秋月鶴山――上杉鷹山がもっとも尊敬した兄』）。鶴山も、児童手当制度の導入、藩校「明倫堂」の設立など、藩政改革を実施した名君として慕われているという。藩校からは三好退蔵（大審院長など歴任）、秋月左都夫（外交官で日本にボーイスカウトを紹介）、石井十次（「児童福祉の父」と呼ばれた社会事業家）らが巣立ったので、文教政策に力を入れた藩主だったのだろう。

だが、話はここで終わりではない。以前、自分が主宰する研究会にラスキンを研究している若手研究者を招いたが、なんと彼女の母校、米沢興譲館高校と高鍋高校の間には生徒間の交流があるという。米沢―高鍋間は近距離ではないが、いまも双方が歴史を尊重している姿勢が素晴らしい。

（二〇二三年七月六日）

ウルトラセブンと音楽

ヘルベルト・フォン・カラヤンの命日は七月十六日だ。亡くなったのは一九八九年だが、祇園祭の宵山の日だったのでよく覚えている。学生時代、レコードもＣＤもたくさん買ったが、彼の死後、レコードやＣＤ収集の趣味は次第に遠のいていった。

ところが、ある本を読んでいたとき、思いがけずカラヤンの名前が飛び出した。青山通さんの『ウルトラセブンが「音楽」を教えてくれた』という本である。青山さんは、ウルトラセブンの最終回に突然鳴り始めた音楽のことを徹底的に追究して一冊の本を書いた。その「音楽」とは、シューマンのピアノ協奏曲で、主人公のダンが同僚のアンヌに自分が実はウルトラセブンであると告白する瞬間に登

場する。

子供の頃、それを観ていた青山さんは、その曲が何であるか、誰が演奏しているか何年もかけて突き止めた。ピアノソロはルーマニア出身のディヌ・リパッティ、バックはカラヤン指揮のフィルハーモニア管弦楽団だった。三十三歳で亡くなる悲劇の天才ピアニストの演奏に、カラヤン指揮の見事な伴奏が溶け合った名演だった。青山さんは、リパッティの鬼気迫る演奏と最終回で弱り切ったウルトラセブンの組み合わせを見事に解き明かした。驚くべき執念だ。

さあ、カラヤンのＣＤはどこにあったか。多すぎて、ちょっと探しても見つからない。だが、いまはサブスクで聴いているので、検索したらすぐに出てきた。リパッティもカラヤンも素晴らしい。三十分程度の曲だが、子供の頃を思い出して一時間にも二時間にも聴こえた。ＣＤは後に出てきたので、次は休憩のときに聴いてみたい。

（二〇二三年七月十三日）

歴史総合

高等学校に「歴史総合」という科目が導入されている。昨年頃から歴史の専門家が書いた本も出始めた。実は、私も「歴史総合」を自分が教えるとしたらどうなるかといろいろと考えてみたのだが、学者はどうしても難しく考えてしまう。例えば、「近代の資本主義像の形成」のようなテーマだ。すでに産業革命、スミス、マルクス、ウェーバー、世界システム論などをその前に教えなければ、そもそも始まらない。

やはり現場を見てみたいと思った。そこで、慶應義塾高等学校で現在「歴史総合」の授業をしている若手教諭の授業を見学させていただいた。その方は、知識を詰め込むような教え方ではなく、生徒の自主性を重視し、グループごとの発表とそれについての生徒たちの質疑応答を中心に授業を進めていた。いわゆるアクティブ・ラーニング型授業である。

授業時のテーマだった「近代化」は、日本史と世界史が交差する大きな流れだが、ドイツ留学経験もある担当教諭は、生徒の発表への講評を通じてさらに発表の仕方を工夫するように指導していた。もう少し生徒側に知識があった方が議論が広まるように思えるところもあった。だが、歴史を「考える」科目にしたいという指導する側の熱意は十分に伝わってきた。

実は私も、経済史専門の教員とのペアで、大学の一年生向けに経済史・思想史入門という科目を隔年で担当しているのだが、授業に統一感を与えるために試しに一人で担当する方法もありそうだった。経済史と経済思想史は密接に関連しているので、これも「総合」が必要なのだ。

（二〇二三年七月二十日）

江戸の文人

今年は池波正太郎生誕百年に当たっている。東京都台東区にある池波正太郎記念文庫を訪れると、ゆかりのものがたくさん展示してあるので、ファンなら時間が足りないほどだろう。私は、ある事情から、池波正太郎さんには親近感を抱いてきた。

三十年ほど前、「週刊朝日」の書評委員になったとき、担当デスクがかつて同誌に連載された池波さんの作品「真田太平記」の担当編集者だった。しかも、私が東京でよく泊まっていたホテルは、池波さんが時々仕事場に使っていたホテルとして知られており、喫茶室に入ると池波さんが描いた意外に洋風の絵がいくつも飾ってあった。食通だった池波さんのお気に入りの天ぷら屋さんもあった。

「天ぷらは、親の敵《かたき》にでも会ったように、揚げるそばからかぶりつけ」という名言もある（里中哲彦『池波正太郎　粋な言葉』夕日書房）。

池波さんは浅草の生まれだから、東京の下町について書いたエッセイも多い。あるいは、東京というよりは江戸の面影を追っていたというべきか。作家の逢坂剛氏によると、若い頃の池波さんは、江戸の切絵図を携帯して外出したというから、今に残る江戸の街並みを探していたのだろう。私もそれに倣ったわけではないが、江戸開府四百年に当たる二〇〇三年、江戸の古地図が各社から出版されたので、それを頼りに少しだけ下町を歩いてみた。

池波さんは京都でも馴染《なじ》みのお店によく通っていた。東京が失ってしまった自然や家並みなどを探してあちこち歩いていた様子を想像するのは楽しいものだ。生粋の江戸の文人に教えられることは多い。

（二〇二三年七月二十七日）

真夏のワーグナー

真夏にワーグナーを聴く。東京で学生生活をしていた頃、ワーグナーのオペラや楽劇を鑑賞する機会は多くなかった。音楽専用ホールも東京文化会館があるくらいで、サントリーホールをはじめ響きの良いホールは私が京都に去ってからできたものだ。

となると、レコードかＮＨＫのＦＭ放送ぐらいしかない。オペラの全曲レコードは高価で、学生にはなかなか買えないので、夏に行われるバイロイト音楽祭を録音したＦＭ放送を聴くしかなかった。まだ衛星ハイビジョン放送などなかった時代である。

ワーグナーをどうしても聴いてみたかったのは、多少ドイツ語が読めたので、

対訳本を片手にドイツ語で歌うオペラに触れたかったからだ。だが、対訳は読めたものの、声量豊かなオペラ歌手の発声がよく耳に入ってこない。

仕方がなく、ついに、大枚をはたいて「トリスタンとイゾルデ」全曲盤のレコードを買った。カルロス・クライバー指揮のシュターツカペレ・ドレスデンの演奏だ。大当たりだった。イゾルデ役のマーガレット・プライス（イギリスのウェールズ出身）のドイツ語の発音はとても清澄かつ美しく、フィナーレの有名な「愛の死」もはっきり聴きとれた。

同じドイツ語でも、例えばウィーンでは北の方のドイツよりも丸みを帯びた発音になるものだが、ドイツ語を習いたての日本人にはイギリス人の発するドイツ語の方がわかりやすかったのだ。実用には「役には立たない」けれども、夏のワーグナー体験は、私の心を豊かにしてくれた貴重な思い出である。

（二〇二三年八月三日）

送り火

その教授の研究室は、京都大学法経本館の東側にあった。机や椅子や本棚などがあることは他の研究室と変わらない。ただひとつだけ特徴があった。東山如意ケ嶽の大文字がはっきりと見渡せるのだ。
八月十六日、夕方近くに遠くから客人があった。つい話し込んで八時をほんの少し過ぎてしまった。その教授は、もちろん、あることを知っている。客人は知らない。だが、まもなく京都五山送り火が如意ケ嶽の大文字から始まると、その客人は驚くとともに非常に感銘を受けていたという。
八月十六日が送り火の日だということは、京都に住む者なら誰もが知っている。しかし、東京にいたとき、私はその日を特に意識したことはない。旧暦のお盆だという認識があったくらいである。客人が知らなかったとしても不思議ではない。

五山送り火も、コロナ禍で二年連続、点火場所を減らして実施されたが、昨年から完全復活した。昨年は点火前に激しく雨が降っていたので大丈夫かと心配したが、大の字が浮かんだときはホッとしたものだ。いまや八月十六日は、私にとっても、点火が始まるその時刻を気にするような特別の日になった。

大学は夏休み期間中だが、修士論文を書く大学院生にとっては大事なときである。私も彼らには「大文字の送り火の頃までに修論の第一稿ができていればあとは比較的楽だ」とアドバイスしている。それをブラッシュアップさせて完成稿にもっていく。だが、その理想通りにいった例は数少ない。それだけになおさら、八月十六日を意識するように指導しているつもりである。


（二〇二三年八月十日）

経済思想史家の悩み

京都大学での恩師の一人、伊東光晴先生は岩波新書のベストセラー『ケインズ』の著者で、ＮＨＫの往年の教養番組「一億人の経済」に何度も出演し、わかりやすい解説で人気を博していた。本拠が東京にあったので、毎週、新幹線に乗って京大まで通ってきた。

ゼミが終わると、よく法然院近くの湯豆腐屋さんに連れられてご馳走《ちそう》になった。だが、その前に、門下生は一度は法然院にある河上肇のお墓詣をさせられたものだ。河上の名前は、一般には『貧乏物語』（一九一七年）の著者として最も有名だ。確かに、その本は、社会の貧困問題に関心を持つ多くのインテリを魅了した名著である。若い頃その本を読んで感銘を受けた伊東先生は、理系から文系へと志望

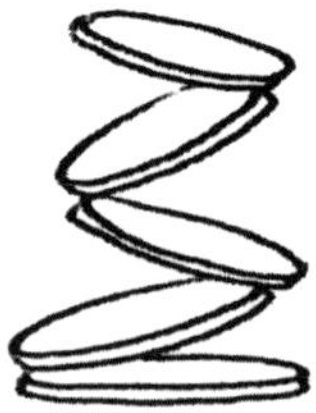

を変え、東京商科大学（現一橋大学）に進学した。というようなことを、河上のお墓の前で必ず聞かされて、湯豆腐屋さんに向かうのである。

ところが、『貧乏物語』の結論は、「富者の奢侈《しゃし》禁止」（つまりお金持ちは贅沢《ぜいたく》をやめよということ）であり、いまだジョン・ラスキンなどの人道主義的経済学の影響下にあった河上の作品なのである。マルクス経済学ならもっと『資本論』に依拠したはずだからだ。だが、『貧乏物語』が成功しすぎたために、図らずも河上の代表作となってしまった。

伊東先生も世間のイメージではケインズ研究の権威だが、心は正義感あふれるマルキストなので、それでよいものか、教えを受けた私でさえ迷ってしまう。学者を文献だけで評価することがいかに難しいか。これが経済思想史家としての私の実感だ。

（二〇二三年八月十七日）

経済学者と映画

映画の主人公になった経済学者は少ない。最初に思い浮かぶのは、「ローザ・ルクセンブルク」（一九八五年製作、西ドイツ）である。ローザはポーランドの社会主義者で、マルクス経済学の古典的名著『資本蓄積論』で有名だ。しかし、最期は銃殺されるという悲劇の生涯であった。

次に、青年時代のマルクスとエンゲルスを描いた「マルクス・エンゲルス」（二〇一七年製作、フランス・ドイツ・ベルギー合作）がある。これは比較的最近の映画なので、若い人たちも観《み》たかもしれないが、後にマルクスは、亡命先のロンドンで貧困のうちに亡くなった。

というと、「ビューティフル・マインド」（二〇〇一年製作、米国）のジョン・ナッ

シュがいるではないかと言われそうだ。確かに、ナッシュは一九九四年度のノーベル経済学賞を受賞しているが、正確には、数学者であって経済学者ではない。若くして数学の天才として出発しながら、長い間、統合失調症に苦しみ、それをなんとか克服した末のノーベル経済学賞の栄冠だったので、その生涯はドラマ性に富んでいる。

今や「ナッシュ均衡」の概念は、現代経済学の重要な分析ツールだ。これは、車の右側通行（米国）と左側通行（日本）のような身近な問題も「コーディネーション・ゲーム」の一つとして捉えられる便利な概念だ。映画の主役もラッセル・クロウで、日本での知名度も高い。だが、この映画がヒットして十数年後、ナッシュ夫妻は、残念なことに、交通事故死した（二〇一五年）。

数少ない例だが、経済学者と映画は、どうも相性が悪いというのが私の結論だ。

（二〇二三年八月二十四日）

朗読を聴く楽しみ

ユーチューブというのは、以前はＢＧＭで何か音楽を聴きたいときくらいしか利用していなかったが、コロナ禍で講義内容を配信する大学も出てきて、ずいぶんコンテンツが豊富になった。私も授業の参考にするために、よく他大学の先生の専門外の講義を拝見したものだ。私は話すのは苦手なので、すごく勉強になった。

教員ばかりではない。例えば、ナレーションのプロが、優れた文学作品を朗読してくれるコンテンツもあった。私は特に、西村俊彦さんのユーチューブ公式チャンネルで太宰治の諸作品を何回も聴いた。

昨年は大河ドラマで「鎌倉殿の十三人」を放映していたので、ひそかに太宰の

「右大臣実朝」がいつ出るのか楽しみにしていた。まだ出ていないはずだが、考えてみれば、あの作品は古典からの引用もあり、「走れメロス」ほど簡単に朗読できないものだ。「右大臣実朝」が気になるのは、あの作品の中で実朝の言葉が漢字とカタカナまじりで出てくるので、不気味な凄《すご》みが加わりそうだからである。例えば、実朝の言葉が次のように表記されているのだ。

「関東ハ源家ノ任地デシタガ、北条家ニトツテハ関東ハ代々ノ生地デス。気持ガチガヒマス。」

ナレーションのプロが、これをどのような抑揚をつけて発声するのかが気になる。例えば、ＡＩのようにある種の機械的な発声なのか、それとも何か具体的なイメージを抱いておられるのか。

太宰の作品は、朗読を聴かなければ読み返すこともなかっただろう。コロナ禍の思わぬ副産物である。

（二〇二三年八月三十一日）

クラシックの教訓

二十世紀の大指揮者ヴィルヘルム・フルトヴェングラーは、亡くなって七十年近く経《た》つのに、いまだに「新譜」のCDやレコードが出てくる不思議なマエストロである。同じ音源のリマスターである場合も多いが、音質が良くなったと聞くとつい何度も買ってしまったものである。

大学に入る前は、ほとんどカラヤン指揮のベルリン・フィルのレコードしか聴いたことがなかったので、初めてフルトヴェングラーの指揮する運命交響曲を聴いたときは重苦しい雰囲気になかなか馴染《なじ》めなかった。その頃は解説書にも、ベートーベンはその曲の冒頭ジャジャジャジャーンに「運命はかく扉を叩《たた》く」という意味を込めたのだと書いてあった。しかし、それは捏造《ねつぞう》であったという有力

な説が出ている（かげはら史帆『ベートーヴェン捏造』）。

世界中にフルトヴェングラーの熱狂的ファンがいるので、彼が指揮した運命交響曲を基準に他の演奏を比較する批評が少なからずあったように思う。だが、その「呪縛」から解放されると、サイモン・ラトルであろうと小澤征爾だろうと、彼らの指揮する運命交響曲も純音楽的に立派な演奏であることがわかる。私は、フランス生まれのアメリカの指揮者、ロリン・マゼールがウィーン・フィルを振った運命交響曲が大好きだった。日本公演も聴いた。

今は演奏会に行くときは、先入観を抱かないように、音楽そのものを楽しむことに専念したいと思っている。あの指揮者が意外にこの曲で素晴らしい音楽を創り出したという発見の方が楽しいからだ。長いクラシック体験の教訓のようなものだ。

（二〇二三年九月七日）

向学心

昨年の今頃、東京で教え子たちが私の還暦を祝う会をしてくれた。コロナ禍ではあったが、人数を十数人に絞り、ほぼ研究者と編集者だけの集まりにしてもらった。教え子たちの肩書がすべてどこかの大学教授や副学長などになって、当たり前のことだが、自分も還暦に達したのだと実感した。

教え子たちはひとりひとり、近況報告とともに、各自の立場から私の書いた本の中のベストスリーを挙げてくれた。これは私にとっても印象深い企画だった。彼らを大学院生として受け入れたときは、将来どうなることかと心配したものだが、幹事役の教え子は、経済学史ばかりでなく、最近は法哲学にまで関心を広げ、ラテン語も勉強したという。お祝いに皆からプレゼントされたフォトフレー

ムには、ラテン語で次のように刻まれていた。

「受け継ぎし弟子たちと素晴らしい仲間たちとともに幸あれ」

昔、私が大学院生の時お世話になった先生方はたいてい数カ国語に通じ、「自分が若い頃は、英語で学問をやっていたら、学者とは思われなかったな」と言われたものだ。それでも、ラテン語やギリシャ語のような古典語ができた先生はほぼいなかったと思う。私はといえば、ある言語学者が「専門でもない限り、ラテン語はカエサルの『ガリア戦記』が読めればそれでよい」と言っていたので、英訳対照になっている本を勉強したことがあるが、もうすっかり忘れてしまった。

いつまでも向学心を持ち続けるのは素晴らしい。きっと英語だけからはわからない世界に出会うに違いない。

（二〇二三年九月十四日）

読書

お墓参りのあと大きな寺院の中をちょっと散歩していたら、「西田幾多郎先生墓」という石標を見かけた（妙心寺霊雲院）。私は哲学者の西田幾多郎のお墓がそこにあるのを知らなかったのである。調べてみると、西田のお墓は京都のほかに、晩年を過ごした鎌倉と、出身地の石川県にもあることがわかったが、私が不覚をとったのは、西田というと「哲学の道」がまず思い浮かび、なんとなくお墓は法然院付近にあるのではないかと思い込んでいたからだ。

哲学の道は、京都に来た頃、何度か歩いたが、西田の歌が刻んである歌碑があったことは確かに覚えている。

人は人　吾《われ》はわれ也《なり》　とにかくに
　吾行く道を　吾は行なり

哲学の道も今ではおしゃれなお店ができて、西田が歩いていた当時とは様変わりしているので、「哲学する」人がいても騒々しくて何かよいアイデアがわくとは限らないかもしれない。

西田の名著『善の研究』（一九一一年）は、目を通したことはあるが、私は哲学の素人なので論評する立場にはない。だが、京都にあるお墓の場所を通ったとき、立ち止まってスマホの青空文庫で西田の著作を探した。幸い「読書」についての比較的軽めのエッセイがあった。その中に、自分は本を「覗《のぞ》いて見る」ことはしてきたが、「本当に読んだという書物は極僅《ごくわずか》なものであろう」とあった。大学者が読んだ本が「極僅」であるはずはないが、「読んだ」というレベルが凡人とは違うのだろう。いわれてみれば、私が読んだ数も両手で数えるほどかもしれないと思ったものだ。

（二〇二三年九月二十一日）

深まる思い出

長い時間が経《た》つと、ふだん見慣れた景色よりも昔の記憶の方を、戯れに脳は思い出させるのだろうか。今年の夏、甲子園で慶應義塾高等学校（塾高）の野球部が全国制覇した。ベスト8に入った頃から「この勢いではもしや」という期待はあったが、本当に優勝したときは素直に感動した。

昨年十月、塾高の前校長で日本史教諭の古田幹さんと四十数年ぶりに再会してから、同校に開設七十周年（二〇一八年）を記念に建てられた日吉協育ホールで講演（「イノベーションとは何か――シュンペーターの思想形成を考える」という演題だった）する機会があった。あれから、ときどき日吉の銀杏《いちょう》並木や塾高の校舎などを夢に見るようになった。そうだ、私は一九七八年、古田さんと一緒に塾高の門をく

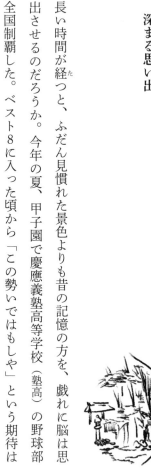

ぐった同級生なのだった。甲子園で慶應義塾の関係者らが歌っていた塾歌は、私も歌うことができるし、歳をとるとともに福沢諭吉の偉さも若い頃よりは理解できるようになった。

その後、私は違う教育機関でも学んだし、現在では京大教授の肩書で通ってはいるが、恥ずかしながら旧制三高の「紅萌《も》ゆる」や「琵琶湖周航の歌」を歌うのを夢見たことはない。以前、歌手の加藤登紀子さんのレコードで聴いたことがあるのだが、加藤登紀子さんの見事な歌声の印象が強すぎて、とても自分では歌えそうにはないと思ったものだ。

昔、塾高を受験したとき、グラウンド付近でお昼休みに食べたお弁当がとても美味しかった。いわゆる受験弁当だ。思い出は年とともに深まり、現在を超越するものにもなりうるということを初めて経験した。

（二〇二三年九月二十八日）

アントレプレナー

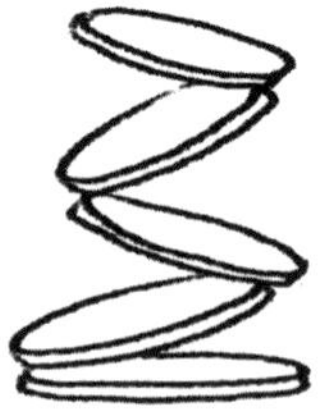

昨年の夏、ある動画制作会社の依頼で経済学の教材を作った。私が担当した一つが「シュンペーターと企業家論」である。わざわざ大阪のスタジオまで出向かなくても、パソコンひとつあれば、研究室でも自宅でも、専門分野の動画を撮り、それを編集して商品として売りに出す時代が来たのである。

そのとき改めて気づいたのは、いつの間にか、「アントレプレナー」という言葉が普及し、ビジネススクールの講座の名前にまでなっていることである。アントレプレナーは、おそらく、フランス語の entrepreneur の日本語読みだろう。ふつうフランス語ではそのように発音しないが、日本式読み方で定着したところが面白い。

企業家論というと、多くの人はシュンペーターの仕事を思い浮かべるだろう。だが、彼が初期にドイツ語で書いた『経済発展の理論』には、ドイツ語で企業家を意味する言葉は使われているが、引用を除いて、自分からフランス語は使っていない。彼の論文や著書にそれが登場するのは、彼が英語をメインに書き始めてからのことだ。

複数のフランス人が企業家論の分野で先駆的な仕事をしたからこそ、企業家の意味のフランス語が使われるようになったのだと思う。少なくとも企業家論に関する限り、資本家と企業家を峻別《しゅんべつ》できなかったアングロサクソンの経済学の方が後れを取っていた。博学なシュンペーターは、それをよく知っていたので、フランスに敬意を表すようになったのだろう。企業家は立派な日本語であるが、カタカナにしたのはその方が目に付くからなのか。不思議である。

（二〇二三年十月五日）

名刀「義元左文字」

数年前、京都市北区にある建勲《たけいさお》神社所蔵の名刀「義元左文字」の新聞記事を読んだ。建勲神社の御祭神は、あの織田信長である。明治二年（一八六九年）創建だから、それほど古い神社ではない。

今年のＮＨＫ大河ドラマ「どうする家康」では、始まってまもなく今川義元が桶狭間の戦いで織田信長に討ち取られてしまった。義元には関心があったのでガッカリしたが、その「義元左文字」が信長を祭神とする神社に所蔵されているのを、京都にいながらうかつにも長く知らなかった。

もっとも「義元左文字」には義元以前からの由来があるようなので、その辺は名刀の歴史をひもといていただきたい。気になったのは、「義元左文字」が桶狭

間の戦いのあと信長に、本能寺の変のあと豊臣秀吉に、さらに関ヶ原合戦のあと徳川家康のものになっていたらしいということ。そして、明治期に徳川家から建勲神社に寄進されたらしいことである。今川家そのものは徳川幕府の高家として続いたはずだが、結局、義元左文字が今川家に戻ることはなかったのだ。

歴史家の小和田哲男さんによると、今川義元は領国経営にも優れた手腕を発揮した名将だった。だが、事前の工作（公家や通過地点の大名などへの政治工作）がなく、討ち取られた戦以前に「天下取り」までは考えていなかったという（『今川義元』ミネルヴァ書房）。「敗者」になったから工作の形跡が消されたということはなかったのだろうか。実際に名刀を見たら、「義元公と天下を取りたかったですね」と訊《き》いてしまうかもしれない。

（二〇二三年十月十二日）

語学は役に立たない？

学生時代のドイツ語の授業で、作家ツヴァイクが教材になったことがあった。ナチスドイツがオーストリアを併合した後のパリで、戦前の古き良き時代のウィーンを回顧した講演録「昨日のウィーン」である。

ドイツ語初心者だったが、私は、ツヴァイクが、ウィーンという都市空間で花開いた学問や芸術などを具体的に愛惜を込めて語っていることに感銘を受けた。思い付くだけでも、マーラーやフルトヴェングラーがタクトを握ったウィーン・フィルハーモニー、クリムトの分離派運動、フロイトの精神分析等々が次々に出てくる。その頃、私はやはり世紀末ウィーンで青年時代を過ごしたシュンペーターの経済学を勉強していたので、彼がどのような文化的環境の中で育った

のか、ドイツ語で知ることができた。これは実用には「役に立たない」ものだったが、私の知的関心を十二分に満たしてくれた学習経験だった。

シュンペーターは、二十五歳で書いた一作目『理論経済学の本質と主要内容』の中で、正統派経済学の権威者であったケンブリッジ大学教授、アルフレッド・マーシャルがモットーにしていた「自然は飛躍せず」に異議を唱え、人間の文化の発展はまさしく「飛躍的」に生じるのだと主張した。そのような考え方が、企業家によるイノベーションの遂行によって経済発展が非連続的に生じるというシュンペーターの経済思想の核心につながっていくのだ。

ところが、現在、第二外国語を必修から外す大学が増えつつある。語学を学ばずして、どうしてその国の文化や歴史がわかるのだろうか。嘆かわしいことだ。

（二〇二三年十月十九日）

「貴公子」の真の姿

コロナ禍の数年間、実店舗の書店に行く頻度がかなり減ったせいで、本来なら買っていたはずの本を見落とした。ジェローム・ガルサン『ジェラール・フィリップ　最後の冬』（深田孝太朗訳、中央公論新社）もその一冊だ。昨年は生誕百年だったのだ。

ＮＨＫのＢＳ放送が始まった頃、往年の名画を夜の時間帯に放映していた。ジェラール・フィリップが主演した一連の作品もそうだ。「貴公子」と呼ばれていたが、私の脳裏に焼き付いたのは、イタリアの画家モディリアーニがモデルになった「モンパルナスの灯」での悲劇の主人公役だ。

ジェラールがどういう人だったのかを知ったのは、ジェラール・ボナルが書い

た『ジェラール・フィリップ――伝記』（堀茂樹訳、筑摩書房）を読んだときだ。人民戦線、スペイン戦争、ナチスによるフランス占領など激動の世界に生きた彼は、大戦末期にはレジスタンスにも参加した。ところが、その後、父親が対独協力の罪で逮捕、仮釈放中にスペインへ逃亡、被疑者欠席のまま死刑判決が下される。そのつらい経験を経て政治に目覚めたジェラールは、スターになってフランス俳優組合初代委員長を務め、役者の待遇改善に取り組んだ。

『ジェラール・フィリップ　最後の冬』は、末期がんの日々を綴ったものなので楽しく読める本ではない。だが、「貴公子」というイメージだけからは決して伝わらない、彼の真の姿（なんとか復帰して舞台に立ちたいという情熱、弱ってくる身体への不安、とうに許しているスペイン在住の父への想いなど）に触れることができる。人間の心の内は映画だけではわからない。

（二〇二三年十月二十六日）

宮澤賢治とクラシック

出版社の編集部には、ときどき優れた物書きがいるものだ。後に専業の作家や大学教授になる人も少なくない。私もそんな編集者に担当してもらったことがある。その方とお会いしたとき、『宮澤賢治のことば』(理論社)と題する本をいただいた。副題に「ほんとうの幸をさがしに」とあった。何度でも読み返したい、宝物のような言葉が並んだ素晴らしい作品だ。元気をなくしている人には、おすすめの一冊だ。

賢治の作品は、ミュージカルやアニメにもなった「セロ弾きのゴーシュ」が好きだ。あるところで、ゴーシュが叫ぶ。

「何だと、ぼくがセロを弾けば、みみずくやウサギの病気がなおると。どうい

うわけだ。それは。」

有名な台詞《せりふ》だ。ある種の心の病に音楽心理療法が効くことはよく知られているが、賢治は実はクラシック音楽が大好きだった。ベートーベンを敬愛し、花巻農学校の教師をしていた頃、ベートーベン百年祭レコードコンサートを企画した。音楽評論家の萩谷由喜子さんによれば、賢治の写真でよく見かける姿、つばのある帽子に厚手のコート姿で後ろ手に組んでうつむきながら歩くというポーズは、ベートーベンが散策する姿を模倣したものらしい（『宮澤賢治の聴いたクラシック』小学館）。

当時のレコードは高価だった。今はアナログブームで逆の意味でレコードがCDよりも高価だが、花巻の楽器店でポリドール社のレコードがよく売れるので、お店に感謝状が贈られた。賢治が買っていたのだ。クラシックが大好きな私も、急に賢治が身近な存在に思えてきたから不思議だ。

（二〇二三年十一月二日）

紅葉と歴史

紅葉のシーズンが近づく。京都にはたくさんの名所があるので、今年も観光客で賑《にぎ》わうだろう。長く京都に住んでいると、嵐山や南禅寺のような人波にもまれるような観光スポットは敬遠するようになる。

ところが、見事な紅葉は、思いがけないところで観《み》られるものだ。コロナ禍が始まった年の十一月、亡き母の年忌を家族だけで営んだ後、近くを散歩していたら、小さな塔頭《たっちゅう》だが見事な紅葉を観賞できる場所があった。最近は観光シーズンにけっこうな拝観料をとるらしいが、はるかに安い上にお抹茶と和菓子まで付いている。亡き母にも見せてあげたかったなと思いながら、ゆっくり観賞できた。

よく見ると、そこは真田伊豆守《いずのかみ》信之のゆかりのお寺のようだ。伊豆守は、もち

ろん、「真田丸」で有名な真田左衛門左《さえもんのすけ》幸村（信繁）の兄で、信濃上田藩主、その後、移封され松代藩初代藩主となった武将である。そういえば、池波正太郎の「真田太平記」では、豊臣方についた熱血型の弟とは対照的に冷静沈着な兄として描かれていた。

ＮＨＫはなぜか大河ドラマではなく、全四十五話の時代劇として「真田太平記」を制作したが、登場人物は、兄弟の父、真田安房守《あわのかみ》昌幸に丹波哲郎、信之に渡瀬恒彦、幸村に草刈正雄など、実に豪華な顔ぶれだった。父や弟とは袂《たもと》を分かちながら小藩を支え、徳川幕府時代をなんとか生き残る基礎を築いた名将だった。平山優さんのように、父昌幸の知謀に勝る決断力を高く評価する歴史家もいる（『真田信之』ＰＨＰ新書）。

京都は無尽蔵に興味深い街だ。歴史があるとは、こういうことを言うのだろう。

（二〇二三年十一月九日）

哲学者の茶目っ気

二〇二三年は、経済学の父、アダム・スミス生誕三百年に当たっている。三百年を見越して、昨年暮れ、『イギリス思想家書簡集　アダム・スミス』という本も出た（篠原久ほか訳、名古屋大学出版会）。スミスはそれほど筆まめではなかったが、これ一冊だけでも貴重な一次資料である。

スミスは、自分と同じくスコットランド出身の哲学者、デイヴィッド・ヒュームと生涯にわたって親交を結んでいた。スミスは『道徳感情論』（一七五九年）の成功によってヨーロッパ中に名前が知られるようになった。この本の改訂を亡くなる年（一七九〇年）の第六版まで手掛けているので、彼にとっては大事な本だった。

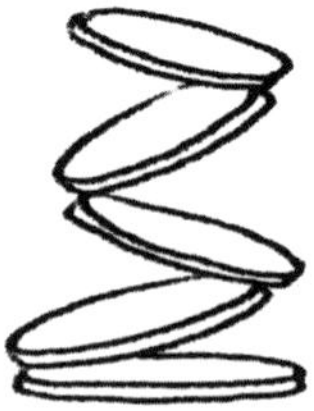

特に、各人の「利己心」は決して否定しないけれども、「公平な観察者」の「共感」が得られる程度にまで、その感情や行動を抑制しなければ社会的に是認されないという、市民社会のルールを述べた件が有名だ。この考え方は、基本的に『国富論』にも継承されるのであり、「自由競争」も決して儲《もう》けるために好き勝手やってもよいのではなく、「公平な観察者」の「共感」を失っては社会的に非難の対象になる（例えば詐欺行為で大儲けするなど許されない）。

ヒュームは、ロンドンでの『道徳感情論』の好評ぶりをグラスゴウにいるスミスに伝えたかった。その内容は、散々じらした後で、「貴兄の本がひじょうに不幸な目にあっているという憂うつなニュース」だという実にひねった書き方をしている。茶目《ちゃめ》っ気のある哲学者だ。文人同士には、このようなユーモアのセンスも不可欠だ。経済学者には真似《まね》はできない。

（二〇二三年十一月十六日）

カレンダー

師走が近づくと、来年のカレンダーを揃《そろ》えるのにけっこう時間がかかる。もちろん、一つでは足りない。壁掛けも卓上のものも数種類は購入する。

ここ数年、さらに楽しみが増えた。私の本の装画を担当してくださったイラストレーター、北原明日香さんがイラストを描いたカレンダーが贈られてくる。北原さんは、私のジュニア向けの本のイラストを二冊担当しているが、描かれた子供や青年や大人のしぐさ、猫の配置などを見ていると、思わずリラックスできるような、癒やし系のイラストばかりである。ファンも多い。

前に、自分の本を作るときは、直接お会いして依頼するとここに書いた。ここ数年はコロナ禍でなかなか実現せず、ようやく今年の春、北原さんの作品が展示

してある銀座の文房具店でお会いすることができた。十月に出した新刊のイラストも直接依頼することができたので満足している。

イラストレーターの仕事は多様である。北原さんは、東京大学の下山晴彦名誉教授が進めている「子どものための認知行動療法」に協力して、『ふあんくんのきもち』（ほるぷ出版）と題する絵本のイラストも担当している。

不安障害に悩んでいる子供は多いが、イラストを見ていると、子供が正体のわからない不安に当初はおびえながらも、何とかそれとうまく付き合って、克服するきっかけをつかむような構成になっている。北原さんのイラストは見事に子供の表情の変化を捉えている。

来年のカレンダーにはどんなイラストを描いたのだろうか。今から楽しみだ。

（二〇二三年十一月三十日）

ゆたかな社会とは

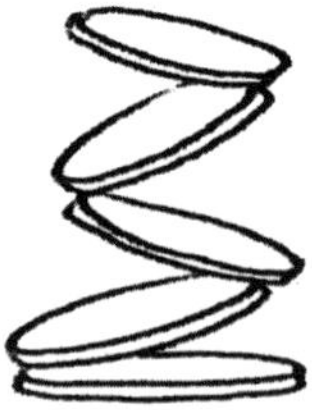

ガルブレイスといえば『ゆたかな社会』の著者として有名である。この本の初版が出たのは一九五八年だった。だが、本のタイトルゆえに、真のメッセージが誤解されやすい。ガルブレイスは、今でいうＧＤＰの指標ではアメリカが世界一であるにもかかわらず、なぜ別の意味での「貧しさ」が残っているのかという問題提起をしようとしたからだ。

鍵となるのが「依存効果」という造語である。これは、人々の欲求（需要）が生産（供給）に依存していることを指す言葉だが、そうなるのは、企業が広告やコマーシャルなどを駆使して消費者の需要を喚起することに成功するからだ。依存効果は、経済的に多少なりともゆとりがもてるようになって初めて作用し始める。なぜなら、本当に貧しい社会なら、まず食べることが優先されるので、企業の広告などは意味をなさないからだ。

しかも依存効果は、公的部門を犠牲にしてでも、民間部門に強力に作用する。例えば公共施設の必要性よりも、自動車やビールのコマーシャルの方が幅を利かす。したがって、必然的に民間部門の「ゆたかさ」と公的部門の「貧しさ」という社会的アンバランスを生み出す。「ゆたかさ」を実現したはずのアメリカ社会に深刻な「貧しさ」が併存している。これがガルブレイス流の流麗な文章で描かれている。

英国のガーディアン紙は、この本があらゆる時代に書かれたノンフィクション部門の二十四位という高評価を与えていた。名文家の彼には、ノーベル文学賞を与えてもよかったのではないかと私は思う。

（二〇二三年十二月七日）

松の廊下

「松の廊下」といっても、浅野内匠頭が吉良上野介を斬りつけた江戸城のことではない。京都大学法経本館をエレベーターで三階まで上がると、そこに昔「松の廊下」と呼ばれた空間が広がっている。帝国大学時代、この三階には威厳のある教授たちの研究室が並んでいたのだろう。

もちろん、当時この目で見たわけではないが、私の大学院時代も、なんとなくその雰囲気は残っていた。というのは、「松の廊下」には、経済学部教授の伊東光晴研究室（ケインズ研究の権威）、菱山泉研究室（スラッファ研究の権威）、平田清明研究室（マルクス研究の権威）が並んでいたからである。学界の権威者ばかりである。壮観というほかない。

私が修士課程を修了する頃には、菱山、平田両先生は退かれていたので、残るは伊東研究室のみだった。伊東先生の本拠は東京だったので、週に三日ほどしか京都には現れない。その間、博士課程在籍の私が留守を預かっていた。伊東ゼミの見込みのある学部学生の相談に乗ったり、勉強会をやったりしていた。そんなとき、「松の廊下」は忘れていた。私は研究室を預かっているだけで、その主ではないからだ。

ところが、毎年春になると、「松の廊下」の研究室への引っ越しを希望する教授が増えたことに気づいた。教授の定年で空きが生じるからだ。帝大時代の研究室だから、他の研究棟の部屋よりも広かったことも理由の一つだろう。だが、多くは、往年の「松の廊下」の権威に憧れた世代ではないだろうか。さすがに世代も移り変わり、今の「松の廊下」に昔の面影はない。

（二〇二三年十二月十四日）

左手のピアニスト

ピアニストの舘野泉さんを尊敬している一ファンである。舘野さんは、六十五歳のとき、フィンランドでコンサート中に脳溢血《いっけつ》で倒れ、右半身が麻痺《まひ》してしまう。医者からはピアニストとしての再起は不可能と宣告された。ところが、右手の自由を失っても、舘野さんは懸命にリハビリに専念し、あるきっかけで左手のピアニストとして復活を遂げる。不屈の精神だ。

そのきっかけとは、バイオリニストの息子さんがそっと置いて帰った一枚の譜面だった。イギリスの作曲家、フランク・ブリッジが、第一次世界大戦の戦場で右手を失った友人のために作った曲だった。ピアノは両手で弾くものという固定観念にとらわれていたら、いつまでも復帰できなかったに違いない。しかし、舘

野さんは違った。それ以来、多くの作曲家が舘野さんのために左手用の曲を作ってくれるようになったという（『命の響』集英社）。

プロのピアニストの中には、自分の好きなピアノや調律について、けっこう口うるさい人も少なくない。だが舘野さんは、招聘《しょうへい》されれば、世界のどこであろうと、条件がどうであろうと、音楽愛好家のためにピアノを弾いてきた。「自分のため」ではなく「誰かのため」に仕事をするときの方が力が出るのだという言葉は、現在、社会の分断を招いている自己中心的な考え方への強力な批判となっている。

生きているうちには、仕事上の失敗や病気など、いろいろな不運に見舞われることもある。だが、前向きの姿勢さえ失わなければ道は開けるのだ、と左手が奏でる演奏に教えられたような気がする。

（二〇二三年十二月二十一日）

卒業論文

最近の大学は、半期十五回のノルマを達成するために仕事納めの日まで授業を行っている。私の勤務する京都大学経済学部では、今頃ちょうど卒業論文審査の時期に当たっている。年末に卒論審査なのか？　と疑問に思う読者も多いだろう。事情は、簡単に言えば、こういうことだ。

世の中で「卒論」といっているものの多くは、所属するゼミの指導教員に学年度末（二月か三月）に提出するゼミ論のことである。しかし、私たちのところでは、ゼミの単位とは別に卒論の単位がある。ただし、ゼミの指導教員とは別の教員も審査に当たるので、ときに結構厳しくなることもある。卒論を出したければ、十一月末には提出しなければならないので、就職活動やサークルその他で時間を

とられる学生は計画的に準備しなければ間に合わない。

年末の審査で一発合格するほどの優秀論文は別だが、たいていは二人の審査官によって、一カ月かけて修正すべき箇所が具体的に示される。一カ月後に十分に修正・改善されていなければ、良い点がつかないか、最悪は不合格にもなりうる。

師走の卒論審査は早すぎるのではないかと私も当初思っていたが、一月から二月にかけて、大学院の修士・博士論文の審査、大学受験など教務掛は多忙を極め、この時期しかないというので、今のようになった。時間は無限にはないので仕方がない。

さて、今回で、私のコラムもようやく卒業である。三月中頃から急遽《きゅうきょ》引き受けた代役だったが、予想以上に長く書かせていただいた。最後までお読み下さった読者の皆様に心から感謝申し上げたい。

（二〇二三年十二月二十八日）

Ⅱ　過去と未来のあいだ

シュンペーターの「予言」、資本主義の盛と衰

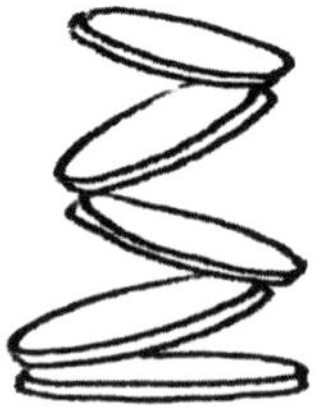

先日、日本経済新聞を読んでいたら、「進む寡占、技術革新に影」という見出しの記事に出くわした（二〇二一年五月十六日付朝刊）。例えば、米ＩＴ大手アップルがインテルのスマートフォン半導体事業を十億ドルで買収したり、フェイスブックがインスタグラムやワッツアップを傘下に収めたりと、いろいろな業種で寡占が進んでいるが、Ｍ＆Ａ（合併・買収）が増えても研究開発費は鈍化しており、それが潜在成長率の低下につながっているのではないかという記事だ。これは経済学の歴史では古くて新しい問題である。

技術革新やイノベーションというと、多くの人はヨーゼフ・アロイス・シュンペーターの名前を思い出すだろう。ところが、このオーストリア出身の天才経済

学者は、日本でとくに人気があるのはよいにしても、ときに独特な言葉遣いをしたので誤解も少なくないのである。

シュンペーター「イノベーションこそ経済発展をもたらす」

彼は完全競争を前提にした考え方から出発した。完全競争とは、簡単にいえば、消費者も企業も多数存在しているので、価格に影響を及ぼすような経済主体は存在しないということだから、冒頭で話題になっている大企業はいっさい存在しない世界である。彼が『経済発展の理論』(初版一九一二年)の中で、企業家による「新結合」(のちに「イノベーション」と呼ぶようになった)の遂行こそが、経済発展をもたらすと主張したとき、主に念頭に置いていたのは、まだ独占や寡占などが大きな比重を占めていない「競争的資本主義」だった。

もちろん、そこでも企業家が銀行家の資金援助を受けてイノベーションに成功すると、一時的に独占利潤を獲得することはできる。だが、いったん誰かがイノベーションに成功したとなると、やがてはその方法を模倣する者が大量に現れるようになるので、市場に新製品があふれるようになり、需給関係から価格が低下し、独占利潤も消滅する。ここでは簡単に触れるのみにするが、シュンペーターの考え方では、イノベーションが模倣者の出現によって群生することが「好況」を生み出し、イノベーションが創り出した新事態に経済体系が適応しようとしたときに、「不況」が生ずるとされていた。

しかし、『経済発展の理論』の出版から数十年も経つと、独占や寡占などが一国の経済全体に占める比重は次第に高まってきた。そして、経済学界でも一九三〇年代になってようやく、英国のジョーン・ロビンソンや米国のエドワード・チェンバリンによる不完全（独占的）競争を前提にした考え方が登場し、寡占理論がそれに続いた。博覧強記のシュンペーターは、このような学界の新しい動きに精通していた。彼の死後に遺稿をもとに編纂・出版された大著『経済分析の歴史』（一九五四年）を読めば、彼があらゆる時代の経済学説を自家薬籠中の物にしていた事実に驚嘆するだろう。

シュンペーターは当時の不完全競争理論や寡占理論の成果に不満だった。なぜなら、それらは完全競争の場合と比較して価格はより高く、生産量はより少なくなることが示されていたからである。世間の人たちが独占や寡占に対して抱いているイメージ（生産量を制限して価格を釣り上げている）には合致するかもしれないが、それは静態的な価格理論の考え方に過ぎず、経済がイノベーションの遂行によって発展していく動態の本質からかけ離れているというのである。

独占・寡占の下でも消費者はより豊かになれる

シュンペーターは一九三〇年代の米国資本主義をしばしば「トラスト化された資本主義」と呼んだ。買収などで企業が一体化するトラスト化が進めば、競争は阻害されるが、たとえ資本主義が競争段階からトラスト化された段階に移行したとしても、イノベーションの可能性が消滅するとは決して考えなかった。新しい可能性はいつでも存在しており、それに気づき誰よりも先に実行に移すのが企業家精神の本質だからである。

独占や寡占が顕在化しても、イノベーションが生じれば供給面の破壊が起き、一時的に企業家が独占利潤に近いものを稼いだとしても、模倣者の出現によって生産量は拡大し価格も下がっていく。つまり、消費者もより豊かになれるのだと。彼は一九三〇年代の世界的な大不況の時代になっても、このような信念を捨てなかった。

その頃の米国では成熟した資本主義国におけるイノベーションの停滞や人口成長の鈍化などを理由に、長期停滞論を提唱する者も現れていた。米国のアルヴィン・ハンセンというケインジアンである。シュンペーターと所属が違うとはいえ、同じハーバード大学にいた。シュンペーターはハンセンを真っ先に徹底的に批判した一人であった。それは「資本主義の動態的本質を知らぬ戯言である」と（『資本主義・社会主義・民主主義』一九四二年）。彼は、トラスト化された資本主義でも決してイノベーションは消滅しないどころか、大企業の方が小企業よりもイノベーションの遂行において優位に立っているとさえ述べている。

シュンペーターの影響を受けたカナダ出身のジョン・ケネス・ガルブレイスも『アメリカの資本主義』（一九五二年）の中で同様の立場をとったので、ときに

「シュンペーター＝ガルブレイス仮説」と呼ばれるようになった。しかし、この仮説を吟味してきた専門家の実証研究をフォローすると、大企業がイノベーションの遂行にとって必ずしも優位に立っているとは言えないし、小企業にもイノベーションの機会は開かれているという反論もけっこう多いことに気づく。実際、いまのＩＴ大手も、小企業からイノベーションによってのし上がってきたのだから、この反論も納得がゆく。

個人よりチームワークの時代、長く続けば企業家機能が変貌

これに対しては、シュンペーターはトラスト化された資本主義のもとで、イノベーションが個人というよりも組織のチームワークによって遂行される時代が長く続けば、企業家機能が変貌し、ゆくゆくは資本主義の衰退をもたらすだろうと論じた。この場合の「長く」は、十年や二十年ではなく、一世紀でも「短期」となるような極めて長期的な展望の上に立っている。

もっとも、その理由として挙げられた要因の多くは「非経済的」なものであ

る。例えば、企業家機能の変貌のほかには、資本主義の政治的擁護階級（かつての王侯や貴族）の消滅、合理化の進展による資本主義的な価値の図式（「不平等と家族財産」の文明）の崩壊など。それゆえ、彼の資本主義衰退論は「経済分析」ではなく「経済社会学」なのだと考えたほうがよい。

資本主義の本質を英雄的企業家によるイノベーションの遂行にみたシュンペーターが、ゆくゆくは資本主義は滅んでいくと「予言」した。このパラドックス（逆説）、あるいはアイロニー（皮肉）は、シュンペーターについて語る者の多くをいまだに当惑させ続けている。

（二〇二一年六月二十日）

英オックスフォード、理論家ヒックスが学んだもの

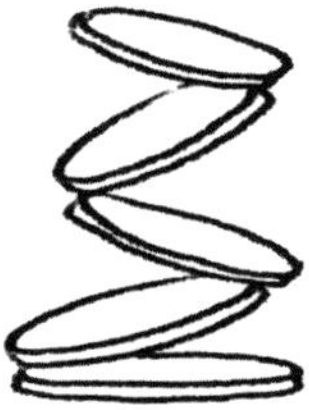

昨年（二〇二〇年）の今頃、二〇一四年のノーベル平和賞受賞者、マララ・ユスフザイさんが英オックスフォード大学を優秀な成績で卒業したというネットニュースが入ってきた。マララさんは、中学生のとき武装勢力によって狙撃されるという災難にあいながら、英国の病院での手術や治療によって奇跡的に回復した、あのパキスタン出身の女性である。

だが、簡単なニュースだったので、オックスフォードのどこのカレッジで何を学んだのかまで書かれていなかった。情報量としては十分ではない。なぜなら、オックスフォードやケンブリッジでは、学生の募集はカレッジごとにおこなわれるし、学生も教員も特定のカレッジに強い愛着心をもっているのがふつうだから

だ。例えば、ジョン・メイナード・ケインズはケンブリッジ大学キングズ・カレッジの出身で、のちに同カレッジのフェロー、さらには会計官も務めたほど両者の結びつきは深かった。

英オックスフォード大の人気コース「ＰＰＥ」

これは海外のニュースを探すしかない。と思って、米ニューヨーク・タイムズ紙の電子版（二〇二〇年六月十九日付）をみると、レイディ・マーガレット・ホール（オックスフォードのカレッジの一つで、パキスタン初の女性首相となったベーナズィール・ブッドーもそこで学んだ）で「ＰＰＥ」コースを修めたと書いてあった。ＰＰＥとは、「哲学・政治学・経済学」（Philosophy,Politics and Economics）のことで、現在ではすっかり人気コースになってしまった。卒業生には英国の政界やマスコミ界で有名になった人たちがたくさんいる。

学生にとって、哲学と政治学と経済学を同時に学ぶのは決して容易ではないはずだ。ＰＰＥでは、一年目は三つを均等に学ぶが、二年目にはそのまま均等路線を続けるか、三つのうちの二つに集中することを選ぶことになっているが、三つであろうと二つであろうと、違う学問を同時に学ぶ学生にとって、その難しさは変わらないだろう（例えば「哲学と経済学」の双方に通じてよい成績を残すには大変な努力が要るはずだ）。

もっとも、経済学者のなかには、そんなコースでは現代経済学（ミクロ経済学、マクロ経済学、計量経済学を中核にした教育プログラム）が中途半端にしか身につかないといってあまり高く評価しない者も少なくない。だが、彼らも、そのコースが創設された一九二〇年代に、のちにきわめて高名な経済理論家として活躍する青年がそのコースをとったのだと説明すると、「へえ」という顔をする。その青年とは、『価値と資本』（初版は一九三九年）の著者で、一九七二年のノーベル経済学賞を受賞したジョン・リチャード・ヒックスである。

経済理論家ヒックス、数学からPPEにコース替え

ヒックスは、オックスフォード大学のナフィールド・カレッジで、当初は数学

を学んでいたが、新設されたＰＰＥ、すなわち「哲学・政治学・経済学」のコースに転じた。このコースは、簡単に言えば、従来の古典語（ギリシャ語やラテン語など）を中心にした教育を、現代の社会的・政治的ニーズに応えられるように、もっとモダンなものにする目的で設立されたのである。

青年ヒックスは、経済学の世界が拡大しつつある「産業」だということに、なんとなく惹かれてそのコースを選んだという。ただし、その頃オックスフォードで教えられていた経済学は、経済理論というよりは労働問題や社会政策にかかわるものが多かった。彼自身も、経済理論の厳密な教育を受けたことがないと正直に語っている。

もし彼が卒業後に英ロンドン・スクール・オブ・エコノミックス（ＬＳＥ）の助手に採用されなかったならば、のちの「経済理論家ヒックス」は生まれなかったかもしれない。というのは、ＬＳＥでは、著名教授のライオネル・ロビンズを中心に、英国ばかりでなく、欧州大陸の経済理論（オーストリア学派、ローザンヌ学派、スウェーデン学派など）を熱心に研究することを奨励していたからである。ヒックスの才能もＬＳＥで開花したのだ。

ヒックス『経済史の理論』　経済理論家にショック

ヒックスは、ＰＰＥでの教育について詳しく語ることはなかった。だが、古き良き時代の英国で古典語の教育を受け、数学にも強かったヒックスが、「哲学・政治学・経済学」を学んでも何も得なかったというのは信じがたい。『価値と資本』各章の初めに引用されている古今の文学作品をみても、彼の教養の幅は、私たちが考えるよりはるかに広かったという方が当たっているのではないか。

後年、彼は『経済史の理論』（一九六九年）と題する本を書いて、経済理論家にショックを与えた。ヒックスは理論経済学の泰斗であり、経済史とは関係がないと思われていたからだ。もちろん、その本は、英国経済の通史のような類ではない。例えば、彼の後期の理論においてしばしば登場する「伸縮的価格市場」と「固定価格市場」の二つの市場の成り立ちについて、歴史の流れの中で理論的に捉える「歴史の理論」である。

つまり、十九世紀までは、利潤機会に応じて価格を上下させる「商人」階級が価格設定に主導権を握っていたので「伸縮的価格市場」が一般的だった。ところが、二十世紀に入って規模の経済の働く範囲が拡大し、価格と品質が標準化されるようになると、商人の役割が低下し、製造業者が台頭した。なぜなら、値下げ商品は質が悪いと判断されたからである。製造業者は基本的にコストをもとに利潤を加算して価格を設定するので、価格は伸縮的というよりも固定的となり、「固定価格市場」が優位を占めるようになる。このような本は、「歴史の理論」とはいっても、当然ながら歴史に造詣が深くなければ決して書きえなかっただろう。

晩年のヒックスは、森嶋通夫（わが国が生んだ世界的な数理経済学者でLSEの教授を務めた）に対して、「あの本（『経済史の理論』）でノーベル賞がもらえたらもっとうれしかっただろう」と語ったという。大学入学後、学生に細分化された専門教育を早い段階で導入すべきだという意見を聞くたびに、私はPPEとヒックスのことを思い出し、もう少し経済学以外の幅広い教養が身につくような教育があってもよいのではないかと思うのである。

（二〇二一年八月一日）

資本主義、グレートリセットは困難

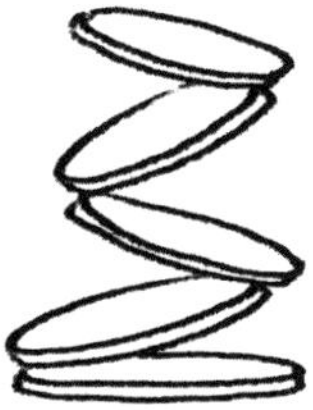

職業柄、内外の経済誌に時折目を通す。今年春の新学期が始まってまもない頃、「マルクスvs.ケインズ」という懐かしさを感じさせる特集記事を見つけた（「週刊東洋経済」二〇二一年四月十日号）。数十年前までは、日本の主要大学の経済学部にはマルクス経済学者が多数いたので、そのような特集もよく見かけたものだが、いまや京都大学にも「マルクス経済学」と名のついた講義科目はないので、雑誌を見てちょっとタイムスリップした感覚をおぼえた。

マルクスかケインズか　数十年前は重大な決断

生前、名古屋大学教授や国際日本文化研究センター教授などをつとめた経済学者、飯田経夫氏がよく語っていた面白いエピソードがある。飯田氏は一九五〇年代、名古屋大学の学部生の頃、どのゼミを選ぶか（もっといえば、マルクス経済学にするか近代経済学にするか）についてあれこれ悩んだ末、ケインズ研究家で、ケインズ著『一般理論』の訳者としても有名だった塩野谷九十九教授のゼミを選んだ。ところが、そのことを友人に話したところ、「君もついに資本家の手先になるのか！」となじられたというのだ。当時は、「マルクスかケインズか」というのは、若い学生にとっても重大な決断を迫る問題だったのだ。

もちろん、これは昔話にすぎないが、一九八九年のベルリンの壁崩壊後、資本主義諸国でいわゆる市場原理主義が世界的に蔓延し、すでに前世紀末から経済格差や環境破壊などの問題が顕在化するようになった。「市場原理主義」は厳密な学術用語ではないのであまり使いたくはないが、古くからある自由放任主義の亜種だと思えばよい。その市場原理主義の限界が露わになったとき、資本主義に対する経済学者の立場は大きく二つに分かれるようになった。

一つは、資本主義の欠陥も認めながらも、それらを一歩一歩改革しながら前進しようという立場である。先に触れた雑誌の寄稿者でいえば、国際基督教大学（ＩＣＵ）特別招聘教授の岩井克人氏や、東京大学名誉教授の吉川洋氏がその代表である。

もう一つは、人類が地球を破壊しつつある「人新世《ひとしんせい》」の時代には資本主義の部分的改革ではもはや生ぬるく、システム全体の「グレートリセット」が必要だと主張する若きマルクス哲学者、斎藤幸平氏の立場である。斎藤氏については、ベストセラーとなった著書『人新世の「資本論」』（集英社新書）をお読みになった方も多いかもしれない。

こういうと、昔の「改革か革命か」という路線対立と似ているようでもあるが、「持続可能な開発目標」（ＳＤＧｓ）が介在しているので、全く同じというわけではない。

資本主義容認派、一歩一歩改革

大胆にまとめると、岩井氏と吉川氏は、資本主義を持続可能なシステムに改革していくことは可能であると考えている。例えば、岩井氏は、多くの株式会社がＳＤＧｓをその目的の一つに加えつつある傾向を歓迎し、それが株主主権論の呪縛から解放された、持続可能な資本主義への道を開くだろうと主張している。

また吉川氏は、資本蓄積のためには貯蓄が必要であり、富裕層の方が貯蓄性向が高いという理由で貧富の差を正当化していた古典派以来の考え方にケインズが反対していたことを指摘した上で、著しい経済格差は消費性向の高い貧しい人たちの消費を減らし、ひいては雇用量や産出量を引き下げるので望ましくないという。ケインジアンが累進課税や労働者のための公的住宅建設などの政策を支持したのはそのためだが、そのような政策は万能ではないものの、その延長線上に現在のグリーンニューディール政策があり、資本主義の漸進的改革は可能だと主張している。

ところが、斎藤氏の手にかかると、ＳＤＧｓは資本主義を温存するために環境破壊や経済格差をごまかす「大衆のアヘン」のようなものであり、資本主義というシステムの「グレートリセット」によってしか深刻な環境危機や不平等を除去できないというのだ。斎藤氏は、もともと、晩年のマルクスがエコロジーや非西欧社会に関心を示し、単純な技術楽観論を捨てたことを文献的に明らかにした仕事で有名になった研究者だ。興味深いのは、その主張の一部が西欧発の「脱成長」論者と重なり合うことである。

「脱成長」というと、「マイナス成長」や「景気後退」をイメージする人が多いかもしれないが、脱成長派の重鎮であるフランスのセルジュ・ラトゥーシュによれば、それとは異なる。ラトゥーシュは、『脱成長』（白水社文庫クセジュ）の中で、フランス語で脱成長を表す「デクロワッサンス」には否定的な意味合いはなく、たとえるなら「氾濫する水の減水」に近いと指摘している。

脱成長派、コモンズ復権を主張

脱成長派は、現在資本主義をむしばんでいる経済格差、異常気象、過剰労働などの問題を解決するには、従来の生き方そのものを見直す必要があると主張する。「節度ある豊かさ」や他者とともに生きながらコモンズの復権を図り、新しい人間関係を築いていかなければならないというのだ。これはコモン型社会こそがマルクスの考えた社会主義であったという斎藤氏のマルクス理解と類似しており、お互いを補強しあっているようだ。

だが、資本主義というシステムを「グレートリセット」するには、現在の危機に目覚めた国民の多くが行動を起こすことが必須条件となるが、私にはまだ日本人のほとんどにはその準備ができていないように思える。「グレートリセット」とは、すなわち、システム全体を作り替えることだから、大変な困難を伴う。

こういう問題を考えるときは、私はいつもケインズの師であったアルフレッド・マーシャルが、当時の社会主義者の高邁な理想に敬意を払いながらも、現にある資本主義の欠陥をひとつずつ矯正していくことが確実な進歩につながると説いた「漸進主義」に傾いていく。

経済学の歴史は、アダム・スミスからケインズ、さらには二十世紀のサムエルソンに至るまで、そのような意味での漸進主義が主流派であった。二十一世紀になったからといって、私はその伝統まで捨てることには大いなる躊躇を感じる。

（二〇二一年九月十二日）

ケインズ政策の本質、政府の規模ではない

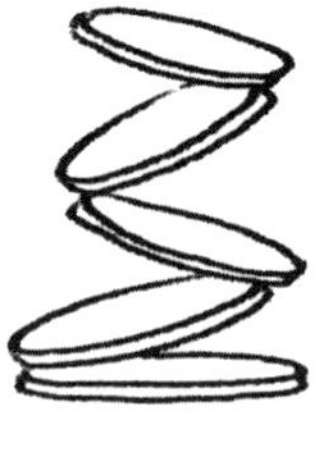

二〇二一年十一月五日夜、米下院は一兆ドル規模のインフラ投資法案を可決した。上院はすでに八月に可決していたが、十五日のバイデン大統領の署名をもって正式に成立した。報道によれば、バイデン大統領は「二十一世紀の経済競争に道筋をつける」との大義名分を強調したという。

だが、下院の採決は二百二十八対二百六で、民主党から六人の造反議員が出た。しかも共和党から十三人が賛成に回ったうえでの賛成二百二十八ということを考えれば、決してスムーズな展開ではなかったことがうかがえる。さらに、経済対策のもう一つの柱である一兆七千五百億ドル規模の気候変動・社会保障関連歳出法案がまだ残っている（十九日下院で通過したが、まだ上院の審議がある）となれば、

議会運営の難しさはなおさらである。

バイデン大統領、中道派から大胆な変身？

もともと、バイデン大統領は中道派のイメージがあった。ところが、半年ほど前、政権を象徴する三大教書の一つである予算教書で、大規模な経済対策を打ち出す方針が明らかになったとき、意外に大胆な変身を遂げる可能性を感じたものだ。

そういえば、バイデン大統領は就任してすぐ、大統領執務室の装飾をいろいろと変えていたが、その中でも、アンドリュー・ジャクソン大統領の肖像画をフランクリン・ルーズベルト大統領の肖像画と取り替えたことが注目されていた（ビジネスインサイダージャパン電子版、二〇二一年一月二十六日付）。ジャクソン大統領はトランプ前大統領好みのポピュリストとして知られているので、代わりにニューディール政策によってアメリカ経済を立て直したルーズベルトの肖像画をもってくること自体、心に秘めた野心があったと勘ぐる向きもあるだろう。

ジョン・メイナード・ケインズの伝記作家で、ウォーリック大学名誉教授のロバート・スキデルスキーは、すかさず、バイデン大統領の経済政策をニューディール政策と結びつけて語ったものだ（プロジェクト・シンジケート電子版、二〇二一年三月十六日付）。歳出規模が大きくなることに対しては、共和党ばかりでなく、民主党にも慎重意見があるので、行く手にはまだまだ難所が待ち構えているかもしれない。すでにインフレを見越した動きがあり、米連邦準備制度理事会（FRB）の量的緩和縮小（テーパリング）の決定がどのような影響を及ぼすのかなども、いまだ不透明である。

米国、自由放任主義の考えは根強いが

しかし、私のような経済学史家の目には、政府が「大きい」か「小さい」かで争うのは、わかりやすい図式化ではあるものの、あまり生産的な論争ではないように思われる。インフラ投資や経済格差の是正、地球環境問題への取り組みなどに必要な予算をつけ、その結果一時的に財政赤字が増えたとしても、長期的には

中間層の底上げを通じて生産性や潜在成長率も上昇していくことが期待されるからだ。

私には、バイデン大統領がレーガン大統領の時代から四十年以上も言われ続けている、いわゆる「トリクルダウン」理論を否定し、中間層の底上げの方向へ明確に舵《かじ》を切った事実の方が重要だと思われる。バイデン大統領が本気であればあるほど、新自由主義の否定につながる潮目になるかもしれないのだ。経済思想の転換という意味では重要な動きなのだが、バイデン政権の支持率がいまひとつなのは残念である。

確かに、米国には自由放任主義のイデオロギーが根強く残っているが、現実に、米国でも政府が重要な役割を担っていることを否定する人は少数派だろう。とくに、技術潜在力の高い産業や企業への支援という面でみると、政府の支援は不可欠でさえある。

私は、ヨーゼフ・シュンペーターを中心に企業家論の歴史を整理していたとき、サセックス大学教授のマリアナ・マッツカートの『企業家としての国家』（原著は二〇一三年)という本が目に留まった。彼女は「アップル社がコンピューター販売を行っていた初期のつつましい企業から世界的な情報通信企業に上り詰めた背景には、同社が米国政府と軍が資金を出して開発したデザインと技術工学を完璧に習得したことがある」と主張していた(大村昭人訳、薬事日報社、二〇一五年)。

ケインズの「投資の社会化」の真意とは

実は、このような視点は、多くの誤解を招いたケインズの「投資の社会化」構想の再考にもつながる。「投資の社会化」という言葉で「社会主義」を連想するのは残念ながら的外れであり、ケインズは生涯に一度も社会主義者であったことはない。だが、ケインズがその言葉で何が言いたかったかを正確に理解するには、有名な『一般理論』を読んでいるだけではわからない。一九二〇年代の彼が英国産業の諸問題について発言した記録(『ケインズ全集』第十九巻に収録)を検討しなければならない。

ケインズは、その頃、綿業や石炭業の再建問題に取り組んでいたのだが、それらは、いまの言葉では、産業調整や産業政策の分野の仕事と言ってよい。例えば、当時の綿業再建問題において、綿紡績業者連合会と銀行主導による「ある種の強制カルテル」、設備の近代化のための資金融通、持株会社による生産能力の再調整などが、彼が提言した内容だった。

英国のケインジアンでケンブリッジ大学教授をつとめたニコラス・カルドアは、さすがにその方面のケインズの仕事を見逃さなかった。カルドアは、「投資の社会化」とは、現代の文脈では高度の輸出潜在力や技術潜在力をもつ産業への政府の支援を含む産業政策を指していると看破している。正論である。産業政策はケインズ政策の重要な柱なのである。

その意味で、バイデン大統領の積極的なインフラ投資への支援策を「カリフォルニア資本主義からバイデノミクスへ」と題する論文の中で高く評価したローラ・タイソンとレニー・マンドニカも、立派な「ケインジアン」なのだ（プロジェクト・シンジケート電子版、二〇二一年五月二十八日付）。彼らは、第二次世界大戦後における米国のイノベーションをリードしてきたのは、有数の大学や連邦政府の研究機関を有するカリフォルニア州であり、目下のコロナ禍でもそれは変わっていないと主張している。

私は、もう三十年も現代経済思想の講義でそのようなケインズ思想の一側面を教えているが、いまだに巷《ちまた》の解説書では常識にはなっていない。

（二〇二一年十二月五日）

米経済思想、自由放任だけが「専売特許」ではない

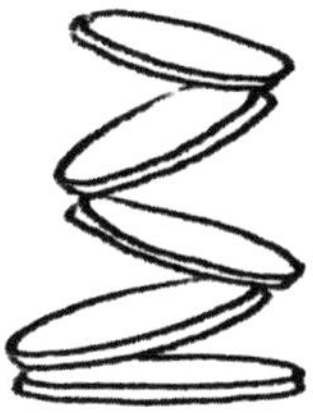

米国経済学会（AEA）の年次大会は毎年一月に開かれている（以前は十二月に開かれていた）。最近は経済学者を志す日本の若者の多くも、米国の有名大学の大学院で博士号を取得するスタイルが普及したので、日本人の会員も米国内外で多くなった。そもそも、昔々は日本の有名大学ではマルクス経済学者が多数を占めていたので、米国でスタンダードとみなされる経済理論を日本で学ぶことすら容易ではなかった。もっとも、コロナ禍の現在、大会はオンラインなので日本の会員も米国に出張するケースは少なかったかもしれない。

栄誉あるイーリー講演、二〇年に名称変更

かつて、米国経済学会の年次大会では、学会創設の功労者の名前を冠した「リチャード・T・イーリー講演」が目玉の一つであった。会長が指名した経済学者がおこなう栄誉ある講演だ。米国経済学会の公式ホームページを見ると、その栄誉を与えられた経済学者は有名人ばかりといっても過言ではないので、その場で聴くことのできた日本人は幸運だったと思う（例えば、ジェームズ・トービン、ケネス・E・ボウルディング、ジョーン・ロビンソン、ロバート・M・ソロー、ライオネル・ロビンズ、ケネス・J・アロー等々）。

ジョーン・ロビンソンの有名な講演「経済学の第二の危機」も、ジョン・K・ガルブレイスが会長時代に指名しておこなわれたものだった。

だが、現在、リチャード・イーリー講演の名前は、二〇二〇年、「Distinguished Lecture」（「栄誉講演」とでも訳すべきか）に変更されている。その理由も公式ホームページには出てくるが、かいつまんでいうと、イーリーの書いた物の中に、優生学や奴隷制を肯定したり、移民に反対したりしたような記述があり、今日では不

適切と判断されたかららしい。なるほど、その判断に反対する人はほとんどいないだろう。

とはいえ、それだけでは、なぜ米国経済学会にとって権威のあった講演にイーリーの名前が長年使われたのかが理解されにくい。

イーリー、自由放任学説に疑問抱く

イーリーは、一八七三年の恐慌を境に古典派経済学の自由放任学説に疑問を抱いた世代の一人で、当時の有能な米国人がそうしたように、「新しい経済学」を求めてドイツに留学した（十九世紀の後半、米国はまだ経済学で遅れをとっていたことに注意してほしい）。ドイツでは、古典派に対抗した「歴史学派」の立場に立つ経済学者の学説を学び、彼らが創設した社会政策学会の役割をつぶさに観察した。そして、米国にも、若い世代すべてにアピールするような学会が必要だという確信を深め、帰国後、米国経済学会創設へと積極的に動き始めたのである。

第一に、イーリーは、自由放任学説では一八七三年恐慌時に生じたような問題

（労働者の失業、農村の疲弊、独占の弊害など）には対処できず、国家による積極的な関与が必要だと考えていた。第二に、古典派の「演繹的思索」よりも、「歴史的・統計的研究」を重視すべきだとも主張した。

二点とも、明らかに、彼が歴史学派から学んだものである。そして、彼はAEAの「綱領」を起草するときもこの二点を生かした文案を考えた。ところが、イーリーの自由放任学説への批判的トーンに反発する者も多く、討論の末、もっとマイルドな「原理の表明」にとどめることに落ち着いた。

その後、さらに動きがあり、イーリーが学会創設に託した夢（大衆の教育や社会改革を目指した統一組織を創ること）は敗れて、米国経済学会は「アカデミックな自由討論の場」へと発展していく（詳細は、九州大学名誉教授、高哲男氏の著書『現代アメリカ経済思想の起源』名古屋大学出版会、二〇〇四年を参照してほしい）。

イーリーの理念継いだ弟子コモンズ

では、イーリーの努力は無駄だったかといえば、決してそうではない。例えば、イーリーの弟子に、ジョン・R・コモンズという経済学者がいた。彼は米ウィスコンシン大学マディソン校で産業関係や労使関係などの調査研究に従事したが、その立場は、今日でいう「制度学派」のそれである。コモンズにとっての「制度」とは、「個人行動をコントロールし、解放し、拡大させる集団行動」を意味する。

彼はこの定義通りに、ウィスコンシン州で革新知事ロバート・M・ラフォレットとタッグを組んで、「適正な資本主義」を実現するための様々な経済改革を指導した（例えば、公益事業規制法や安全雇用法の起草など）。

現代経済思想史の研究者の間では、彼流の制度主義が大恐慌時のルーズベルト米大統領のニューディール政策につながっていたことも、もはや常識と言ってもよい。コモンズの主著『制度経済学』（一九三四年）も、数年前、日本語訳が完成した（全三巻、ナカニシヤ出版）。

つまり、イーリーがドイツから持ち帰った経済思想は、米国の土壌で制度学派として甦ったのである。ガルブレイスもまたこの制度学派の系譜に連なっている。

米国の経済思想は実は多様であり、自由放任主義だけが米国の「専売特許」ではない。米国経済学会の現在を知るには、まずその歴史を知らなければならないゆえんである。

（二〇二二年二月六日）

「科学」偏重に抗す、経済理論家ハイエクの哲学

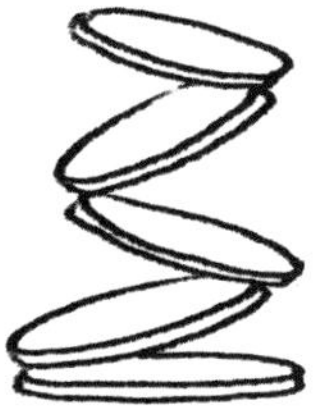

自由主義経済哲学の大家ハイエク、没後三十年

今年（二〇二二年）は、社会主義に対する警告の書『隷属への道』（一九四四年）の著者で、自由主義経済哲学の大家であったフリードリヒ・A・ハイエク（一八九九―一九九二）の没後三十年に当たっている（彼は三月二十三日に亡くなっている）。ハイエクは、戦前の日本では、『価格と生産』に代表される景気循環論の著作がよく読まれたようだが、今日、ハイエク研究者以外にその本を読んでいる経済学者やエコノミストはほとんどいないと思う。

「経済理論家」としてのハイエクの立場が揺らいだのは、もちろん、のちにケインズの『雇用・利子および貨幣の一般理論』（一九三六年）が登場し、すぐにケ

インズ革命の嵐が英米の経済学界で吹き荒れるようになり、ハイエクの名前をすっかり過去のものにしてしまったからだ。ケインズびいきのポール・クルーグマンなどは、そもそも、一九三〇年代にハイエクがケインズのライバルだったというのが「ファン・フィクション」であり、経済理論家としてのハイエクの腕には全く信頼を置いていない（ニューヨーク・タイムズ電子版、二〇一二年九月三日付）。

それでも、クルーグマンは、『隷属への道』の出版によって、ハイエクの名声が高まったことは認めている。

まだマルクス経済学が日本の著名な大学で多数を占めていた頃、ハイエクがソ連の社会主義とヒトラーの全体主義を「設計主義」（人間の計画によって社会経済を思うように設計できるという思想のこと）に基づく同根の思想だと位置づけたその本の主張が話題になっていたらしい。ソ連シンパの多かったマルクス経済学者は強く反発した。「ハイエクは保守反動である」と。

ハイエクの著書、サッチャー英首相が愛読

ところが、ハイエクは、ケインズ主義がインフレの昂進を招いた元凶だと批判する新自由主義者の声が大きくなり始めた一九七〇年代後半に見事に復権し、一九七九年に英国の首相の座に就いたマーガレット・サッチャーも『隷属への道』を愛読書に挙げるほどの影響力をふるい始めた。その後、ハイエクが東西冷戦の象徴であったベルリンの壁の崩壊（すなわち社会主義の崩壊）を見届け、数年後に亡くなるという幸福な生涯を終えたことは周知のとおりである。

さて、クルーグマンは、前に触れたように、経済学者としてのハイエクの仕事を全く評価していないのだが、それはやはり少しばかり厳し過ぎるだろう。ハイエク・ファンではない私でも、彼の競争論や知識論は十分に啓発的であり、それらの多くが第二次世界大戦後まもなく発表されていることに改めて注意を喚起したい（以下に取り上げる主要論文は、田中真晴・田中秀夫編訳『市場・知識・自由』ミネルヴァ書房、一九八六年に収録されている）。

例えば、「競争の意味」（一九四六年）と題する論文がある。この論文が発表された時点では、まだ第二次世界大戦後の経済学教育が十分に体系化されていなかったが、ハイエクはのちに「ミクロ経済学」の基礎となる一般均衡理論で前提とされている競争論に強く異議を唱えている。

完全競争の概念、欠陥を指摘

とくに、「完全競争」の概念は、①売り手や買い手が十分多数存在すること（難しい言葉では、「原子論的市場構造」であること）②均質の商品③市場への参入と退出の自由④市場参加者が関連要因について「完全知識」をもっていること、を意味しているが、これは「競争的均衡」という到達点を証明するためにはよく練られた概念ではあるものの、均衡に到達するまでの「プロセス」への関心が欠如しているという。

経済はつねに変化しているので、不均衡状態の中で企業家は時間をかけていろいろな知識を学び、製品差別化によってお互いに競争し合っているのだが、最初から「均質の商品」や「完全知識」などを仮定してしまっては、現実の競争がどのような「プロセス」を経ておこなわれているかについて何も知ることができない。市場構造も現実には独占や寡占などが入り交じっているが、その市場への参入の自由が保障されているのなら、優れた技術や組織などを武器にどんどん新企業が登場してくるので、原子論的市場構造であることが必ずしも望ましいとも言えない。

つまり、ハイエクにとっては、「競争は本質的に意見の形成の過程である」なのである。完全競争の仮定では、知識を学び、より優れた技術や商品を創り出し、新しい機会を見いだしていく「プロセス」が捨象されていると言いたいのだろう。これは、当時のミクロ経済学には欠落していた慧眼であった。

「科学的知識」偏重に抗したハイエク

もう一つ、「社会における知識の利用」(一九四五年)という広く読まれた論文がある。ハイエクは、「科学的知識」を偏重する時流に抗して、経済社会における意思決定においては実は「時と場所の特殊状況」についての知識が重要であり、それらは分散された形でしか利用できないために、政府の統計の中には入りにくい性質をもっているのだと主張した。もちろん、これはハイエクの社会主義計画経済批判にもつながっているが、一部のハイエク研究者はマイケル・ポランニーの「暗黙知」との類似性を指摘している。この点も、ハイエクがふつうの「経済理論家」とは違うところである。

現代の経済理論家の多くは、望ましい資源配分のためには社会制度をどのように設計（デザイン）すればよいかを考察する「マーケット・デザイン」という分野が確立していることを理由に、ハイエクを過小評価するかもしれない。マーケット・デザインは、コロナ禍でのワクチン配布の最適化問題にも応用できる「役に立つ」理論であることは確かである。

だが、偉大な社会科学者は、「役に立つ」「役に立たない」を越えて、私たちのものの考え方を豊かにしてくれるものだ。ハイエクは、「言語」「習慣」「伝統」などが人々の行為の意図せざる結果として、長い時間をかけて自発的に形成されてきた「自生的秩序」であることを一生をかけて追究した社会哲学者であった。経済理論という狭い見地からのみの評価は慎むべきだろう。ハイエク没後三十年を迎えようとする今、改めてそう思う。

（二〇二二年三月二十日）

異端派ガルブレイス、名文が伝える米国の「貧しさ」

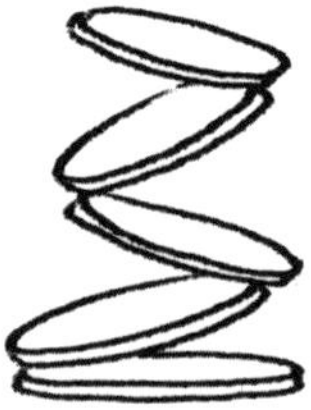

経済学界の名文家、ガルブレイス

経済学者で名文家というのは数えるほどしかいない。二十世紀に活躍した経済学者の中で筆頭に挙げられるのは、米ハーバード大学教授を務めたジョン・ケネス・ガルブレイスだろう。これはなにも私だけの主観的評価ではない、そのことは、英ガーディアン紙電子版（二〇一六年七月十一日付）に、あらゆる時代のベスト・ノンフィクションの第二十四位にガルブレイスの『ゆたかな社会』（初版は一九五八年）が登場している事実にも裏付けられている。

かつて彼の論敵であり、わが国でもその著書『経済学――入門的分析』が広く読まれた米国初のノーベル経済学賞受賞者、ポール・アンソニー・サムエルソンも、ガルブレイスは名文でもって自分の主張の価値を過大に見せかけていると皮肉を言ったものだ。

サムエルソンは、二十世紀後半の経済学界を代表する正統派の大物経済学者だった。その当時の正統派は、ジョン・メイナード・ケインズの『一般理論』以後に発展したマクロ経済学と、市場がどのように資源を配分するかを精密に分析するミクロ経済学（「新古典派」とも呼ばれる）の組み合わせからなる「新古典派総合」と呼ばれるものだった。ガルブレイスがサムエルソンの論敵だったということは、すなわち、ガルブレイスは学界の中で異端児であったということと同じである。

熱烈なケインジアンとして英国留学

もっとも、ガルブレイスは、若い教員としてハーバード大学に赴任したときにケインズ革命の米国上陸に遭遇し、一時は熱烈なケインジアンとなった。そして、ぜひとも英ケンブリッジ大学で直接ケインズに学びたい、と英国留学までした熱血漢であった。

残念ながら、その頃ケインズは病気がちで直接教えを受けるという望みは叶わなかったが、まもなくガルブレイスはケインズ経済学の欠陥に気づくことになった。というのは、不況のとき総需要を増やすことによって完全雇用を実現したとしても、まだ重要な問題が残るからだ。その問題とはなにか。

一般に、減税にせよ政府支出にせよ、消費や投資などの有効需要を刺激して完全雇用を実現すれば、国内総生産（ＧＤＰ）も潜在的に最大の水準に近づいていくだろう。ふつうは潜在ＧＤＰに達すれば、そうでなかったときよりは経済的福祉は増すと考える。その延長線上に、ＧＤＰが着実に増大していけば人々の生活水準は格段に向上しているはずだという経済成長至上主義がある。

しかし異端派ガルブレイスは、その理論に「依存効果」という造語を持ち出して異議を唱える。依存効果と名づけた理由は、消費者の需要が企業の広告や宣伝などによって操られている（すなわち需要が生産に依存している）からだ。依存効果はつねに不要不急の需要を創り出そうとし、それに成功するたびにＧＤＰは増えていく。果たして、それで万事よしとなるのだろうか。ガルブレイスはそうではないと言う。

民間の「ゆたかさ」、公的部門を犠牲に

依存効果は、米国では公的部門を犠牲にして民間部門に強力に作用しているので、資源が民間部門に有利に配分されるようになり、いわゆる「社会的アンバランス」（民間部門の「ゆたかさ」と公的部門の「貧しさ」が好対照となる）が生まれる原因となる。わかりやすく言えば、国民生活に必須の社会福祉施設や公共施設などよりは、つねにテレビコマーシャルに出てくるビールや自動車などに社会の耳目が集まるというわけだ。

『ゆたかな社会』が出版された一九五八年当時、米国は、社会福祉の面では、例えば戦後ケインズ主義と福祉国家路線を受け入れた英国や、その他の欧州の主要国と比較してはるかに後れをとっていた。世界的に最も豊かである（したがって、ＧＤＰも高い）と思われていた米国が、反面、社会福祉が行き届かず、格差が広が

り、別の意味での「貧しさ」を抱えている。ガルブレイスはこれを「社会的バランス」の欠如と巧みに表現したのである。

それゆえ、『ゆたかな社会』を文字通り米国の経済的成功をバラ色に描いた本として理解するのは適切ではなく、民間部門の圧倒的な「ゆたかさ」と公的部門の「貧しさ」が併存しているままでよいのかと識者に問うた問題提起の本として評価すべきなのだ。そうでなければ、時代を代表するノンフィクションの名作として読み継がれるはずがない。

学界の「公理」に挑んだ異端派

ところで、依存効果によって需要が創り出されるというのは、経済学の初歩で習う「消費者主権」、つまり消費者の嗜好こそが企業が何を生産するかを決めるのだという考え方の否定に他ならない。消費者主権を否定してしまうと、消費者が限られた予算制約下でみずからの選好に基づいて何をどれだけ買ってそこから得られる効用を最大化するかという、経済学の初級問題（難しい言葉では、制約条件付の最大化問題という）はナンセンスということになる。

ガルブレイスは、消費者主権のように学界の内部で「公理」のように当然視されている考え方を「通念」（conventional wisdom）と呼び、自分はそれに一生を通じて挑戦するのだという気概をもっていた。

異端派であるがゆえに、ガルブレイスは、学界内部での評価に大きく左右されるノーベル経済学賞の栄冠にはついに輝くことはなかった。彼を批判したサムエルソン、ロバート・マートン・ソロー、ミルトン・フリードマンなどが次々にノーベル経済学賞を受賞していったのとは好対照であった。

だが、名文をもって歴史に残るノンフィクションを書いたという意味では、英国の政治家ウィンストン・チャーチルやフランスの哲学者アンリ・ベルクソンが優れた文章力でノーベル文学賞を受賞したように、ガルブレイスにも文学賞を授与してもよかったのではないか。私はそう思う。

（二〇二二年五月一日）

アダム・スミス、自由放任と異なる「自由主義者」

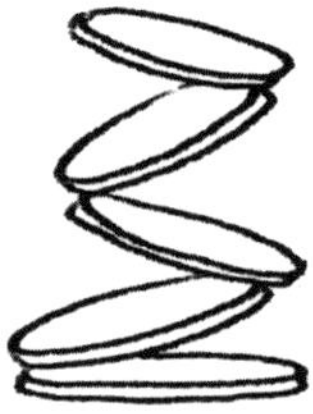

京都大学で、今年度（二〇二二年）の前期は、法学部・経済学部の合同講義である「経済学史」を担当している。経済学史は、昔は経済原論の担当教授が同時に受け持っていたが、経済理論と経済学史の専門分化が進んだので、最近は、私が隔年で担当するようになった。幸い、私の書いた教科書があるので、それに沿って講義しているが、いつも、私も神経を使うし、受講生も多少戸惑っているようにみえるのは、アダム・スミスの経済思想である。

高校までのスミス像、自由放任主義者

スミスを知らない京大生はまずいない。しかし、彼らの知っているスミスは、

高校の教科書や予備校時代の参考書で読んだ「自由放任主義者」としてのスミスである。すなわち、スミスは「利己心」に基づいた個人の経済活動の「自由放任」を主張しても、「見えざる手」に導かれて社会全体の利益につながるという「予定調和」の思想をもっていた。政府の役割は、最低限の分野（国防、司法行政、公共事業）に限定されるべきで、その他の経済活動については、すべて規制を撤廃すべきであると。おおよそこのようなイメージでスミスを捉えている。

大学に入学する前にこれだけ知っていれば十分ではないかという意見もあるかもしれないが、私が問題だと思ったのは、彼らの大半が、高校や予備校で習ったスミスと、大学で専門的に学ぶスミスがほとんど同じだと少々誤解していることである。

自然科学、例えば数学なら、彼らも受験数学と大学で学ぶ数学が同じレベルだとは思わないのではないか。実際、大学に入れば、高校までには決して習わないたくさんの難解な数学分野があることに気づくだろう。ところが、スミスに限って、彼らの理解はいつまでも「自由放任主義」のレベルを超えないのである。

これには米国で一流と評価される経済学者たち（ノーベル経済学賞受賞者を含む）にも責任の一端はある。なぜなら、彼らが書いた教科書や啓蒙論文の中では、「見えざる手」を価格メカニズムによる自動調整機能と捉え直し、政府の介入なしでも市場経済が自然に「均衡」に至る思想を説いたのだと解説されているからである。このような理解は、予定調和論とも付合する。

「市場価格」と「自然価格」

だが、スミスが考える価値論はそんなものではないのである。有名な著作『国富論』（初版は米国独立宣言の年、一七七六年に出版された）は、いまや誰もが読まずしてそれについて語る「古典」になってしまったが、「国富論」の価値論の中で彼が言っているのは次のようなことである。

「商業的社会」（『国富論』ではこれが事実上「資本主義」に相当する言葉である）では、財の価格には、「自然価格」と「市場価格」の二種類がある。自然価格とは、賃金と利潤と地代のそれぞれ平均率を足し合わせたものである。これに対して、市場価格とは、需要と供給の関係によって決まる価格で、これは自然価格を中心に需給状況に応じてその上下に変動する。ここで重要なのは、スミスが「中心価格」は自然価格であると明言しており、市場価格はつねに自然価格に向かって引き寄せられていくということである。なぜか。

商業的社会には、賃金を稼ぐ「労働者」、利潤を獲得する「資本家」、地代を支払われる「地主」という三つの階級が存在しているが、この中で最も能動的な活動をするのは資本家である。資本家は、政府のお役人に指示されずとも、おのれの利益には一番敏感なので、最大の利潤を獲得できる部門に資本を動かそうとする。

もしAという生産部門がBという生産部門よりも平均以上の利潤率を稼げるならば、換言すれば、A部門の財の市場価格が自然価格よりも高くなれば、資本家はBから資本を引き上げ、Aに投じようとするはずである。このような資本の可動性によって、A部門の利潤率は下がり、B部門の利潤率は上がるので、結局は、利潤率はすべての部門で均等になり、市場価格は自然価格の方に収斂していく傾向が見られる。これがまさに「見えざる手」が働いている過程である。

このような価値論は、スミスからデイヴィッド・リカードに受け継がれていく（リカードの方がもっと鋭敏である）のだが、まだ産業革命が本格的に展開される直前の「夜明け」に生きていたスミスが、資本主義とはこのような経済体制であることを見抜いていたというのは、恐るべき慧眼であると言わねばならない。

資本の可動性、自由競争が前提

資本の可動性が保証されるには、独占や規制などが撤廃された自由競争の世界が実現されていなければならない。「自由競争」は「自由放任」と同じではない。スミスは生涯を通じて『国富論』より前の著作『道徳感情論』（初版は一七五九年で、スミスが亡くなる一七九〇年の第六版まで版を重ねた）で欧州全域に知られるようになった道徳哲学者であり、「競争」についても、「公平な観察者」がみて「共感」し得ない詐欺的行為などは社会的に是認されないとして、決して認めなかった。この立場は『国富論』においても堅持されていると見るべきである。

つまり、自由放任と、フェアプレーを重んじる自由競争は違うのだ。さらに言えば、スミスは最後まで「市民社会のルール」を重んじる道徳哲学者であったのだ。

経済学の歴史に名を残した古典は、手っ取り早い解説ではなく、やはり原典をみずからひもとくべきだということを強調したい。

（二〇二二年六月十二日）

インフレの是非、イノベーション要因に着目

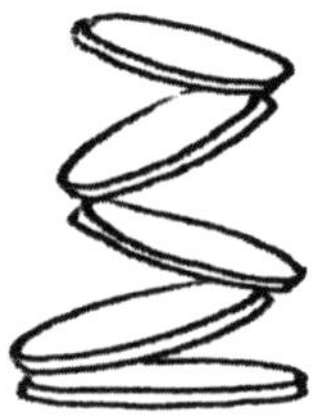

毎朝、新聞を広げるたびに「インフレ」という言葉をあちこちに見かけるようになった。つい一～二年前まで、「デフレ」という言葉があらゆるメディアで幅を利かせていたのとは隔世の感がある。

「インフレ」問題再び

私が初めて教壇に立ったのは、一九九〇年代のバブル崩壊直後とほぼ時期的に重なっているので、例えばマクロ経済学入門のリレー講義でケインズ経済学の興隆と衰退の話をするとき、インフレ抑制策をめぐる、かつてのケインジアン対マネタリストの論争（財政支出の削減や所得政策を主張するケインジアンと、マネーサプラ

イのコントロールを主張するマネタリストの対立）を紹介したものだ。

そこでは、必ず「インフレ期待」が問題になる。「期待」は英語の expectation の訳だから「予想」といっても同じだが、ある日、講義が終わったとき、一人の学生が教壇に寄ってきて、「インフレなんて期待するものじゃない！」と吐き捨てるように言って去っていった。世の中はすでにデフレの時代に入っていたが、以前にインフレで自分やご家族が何か痛い思いでもしたか、純粋に理論的に考えてそう言ったのか、いまとなっては謎である。ずいぶん昔の話だが、昨日のことのように覚えている。

ところが、いまや、経済メディアで米国での出来事（例えば、米連邦準備制度理事会FRBのインフレ対策の遅れを批判し続けたローレンス・サマーズ氏と、インフレはまだ一過性のものに過ぎないと考えるポール・クルーグマン氏の対立）を興味深く読むだけの話ではなくなっており、日本でも物価高が内閣支持率にも悪影響を及ぼすくらいになった。

もちろん、コロナ禍の供給網の混乱、資源価格の高騰、ウクライナ戦争の影響などなど、原因を探せばいくらでもあるだろう。だが、インフレは単一の原因で生じているというよりは、いま挙げた要因を含めて複合的な要因で起きていると考える方が現実的だろう。

現代日本、インフレを知らない消費者が増加

とそんなとき、渡辺努氏（東京大学大学院経済学研究科教授）の話題作『物価とは何か』（講談社選書メチエ）が出版された。評判よく堅調に売れ続けているので、間違いなく今年の経済書ベストテンの中に入るだろう。だが、何か画期的な数理モデルで表現された方程式のようなものがあると思って読んでは面食らうだろう。渡辺氏は、純粋な経済理論家というよりは、日銀勤務を経て学界に転じた経済学者であり、何よりも実証データを重視しているからだ。例えば、次のような話が紹介されている。

最近の技術進歩のおかげで、スーパーなどのレジでバーコードをスキャンして

蓄積された「スキャナーデータ」から「商品を見ればGDP（国内総生産）が見える」というユニークな発想が登場している。物価指数を作成するとき、従来のように、消費金額が大きい消費者ほど重みを高くして作成する方法（「金権的物価指数」と呼ばれている）に対して、消費金額で差別せず消費者を選挙のように一人一票にする「民主的物価指数」の方法があるが、スキャナーデータの利用などの技術進歩のおかげで後者の作成が可能になったというのだ。なるほど、それは大きな進歩に違いない。

渡辺氏は、現代日本の若者は、世界的にみても珍しいほど、「インフレを知らない子供たち」だという。確かに、少なくとも私くらいの歳であれば、小学校高学年のとき石油危機が発生し、トイレットペーパー騒動などがあったという記憶はあるものだが、いまの若者はずっとデフレの時代を生きてきたので、インフレがどのようなものか、まだ実感がわかないかもしれない。

価格が変動しない社会は望ましい？

しかし、すでに日本でも、総務省が二〇二二年五月二十日発表した分から消費者物価指数（生鮮食品を除くコアＣＰＩ）が二パーセントを超え始めたように、インフレは徐々に進みつつある。私の専門は経済思想なので、いまのインフレの要因についての分析はエコノミストの方々に委ねたいが、渡辺氏の本を読んでいて目をとめたのは、そもそも商品の価格が変動しないのは望ましいのかという問題を取り上げている箇所である。

渡辺氏によれば、例えば元ＦＲＢ議長のアラン・グリーンスパン氏は、デフレの定着で企業が価格引き上げを躊躇するような環境では、新商品を開発し、イノベーションを遂行しようとする企業の目を摘んでしまう可能性があると示唆したことがあるらしい。この指摘は、経済学史の巨人の名前を出せば、シュンペーター的な発想である。

これまでに知られていない新しい発想でイノベーションを遂行しようとする企業家は、最初はごく少数か、あるいは極端にいえば一人である。シュンペーターが考える企業家は、銀行から資金を調達し、イノベーションを賄うのだが、その間、相当の資金と時間を費やしているので、イノベーションに成功し、初めてそれを新商品として市場に持ち込むときは、かなり高い価格がついている可能性がある。ソニーのウォークマンもアップルのパソコンも、みなそうだった。

商品価格、上昇後に下落こそイノベーション

だが、シュンペーターは、それは「一時的な」現象だと考えた。やがてイノベーションの模倣が社会全体に広がり、類似の商品が大量に市場にあふれるようになるので、価格は下がっていくからだ。したがって、消費者の実質所得は上昇し、イノベーションによる「進歩」の成果に十分にあずかることができるというのだ。消費者も、そのような経路で価格硬直性が崩れるのは決して反対しないだろう。

とはいえ、イノベーション以外の要因でインフレがどんどん進んでいくのは、やはり一つの脅威である。日本経済新聞電子版（二〇二二年五月三日付）に紹介さ

れた「The Economist」誌（二〇二二年四月二十三日付）の記事によれば、インフレを「心理的なコスト」と考えるのは、経済学者やエコノミストのような専門家ではなく、一般の人々の方が圧倒的に割合が大きい。例えば米国人の三人に二人がインフレ昂進は強欲な企業のせいだとみなしているという。記事は、このようなインフレの「心理的コスト」とポピュリスト的な政治が結びつく可能性さえ指摘している。

　ということは、インフレの時代も、デフレの時代と同じように、政治と経済が混乱に陥る可能性がきわめて高いということだ。

（二〇二二年七月三十一日）

マーシャルの「経済騎士道」、財界トップが実践

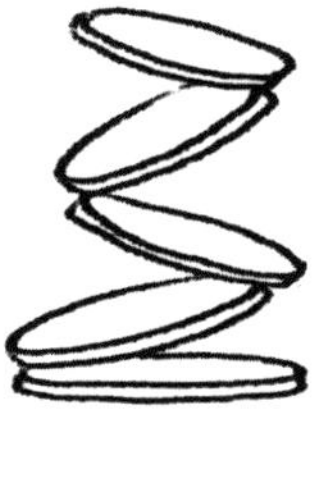

経団連会長、宇沢弘文氏の思想に傾注

経団連会長といえば、いわゆる「財界総理」である。ふつうの会社の経営者とは違う。昨年（二〇二一年）、十倉雅和氏（住友化学会長）が経団連会長に就任してまもなく、「エコノミストOnline」（二〇二一年九月二十八日）に、あるインタビュー記事が載った。それを読んで、私は正直いってかなり驚いた。経団連会長の口から、故宇沢弘文氏の思想に傾注していることが語られていたからである。

宇沢氏は、数学から経済学に転向し、戦後早い時期に数理経済学の研究で世界的な業績を上げ、若くして米シカゴ大学正教授になった。しかし、ベトナム戦争を境に当時の新古典派経済学（市場機構が円滑に働くことを前提にしたミクロ経済学）

に疑問を抱き始め、日本に帰国後は水俣病問題や自動車の社会的費用などの環境問題、成田闘争問題などに積極的に関与し、その思想がかなり急進的になった経済学者である。

宇沢氏は環境破壊問題の経済分析のような専門的な著書や論文も多く執筆しているので、決して「経済理論家」であることをやめたわけではない。

しかし、私たちの世代が宇沢氏の名前を目にするときは、左派ケインジアンであるジョーン・ロビンソンの影響を強く受け、米国でもてはやされている経済学者（例えば合理的期待形成仮説で有名になり、「マクロ経済学のミクロ的基礎」の仕事で学界における地位を確立したロバート・ルーカスや、犯罪や結婚などの社会問題をすべて「需要と供給」の論理で考察しようとする「経済学帝国主義」のゲーリー・ベッカーなど）をこき下ろすラジカルな人というイメージが強く残った。

社会性や公正性、正義の大切さを認識

その宇沢氏に経団連会長が関心を持つのはなぜか。記事を読んでみると、その

インタビューは、十倉会長が、聞き手であるジャーナリスト、佐々木実氏の著書『資本主義と闘った男』（講談社、一九年）を書評したことが縁で実現したようだ。十倉会長は、岸田文雄政権が掲げる「新しい資本主義」にもすばやく反応した一人だが、その理由はインタビュー記事を読めば納得がいく。十倉会長は次のように述べている。

「宇沢先生と同じで、私も資本主義や市場経済は優れた制度と思っている。イノベーション（技術革新）を生み出すし、効率的な資源配分には欠かせない。しかし、市場原理だけでは解決できないものがあることは、宇沢先生が『社会的共通資本』（岩波新書、二〇〇〇年刊）で指摘された通りだ」（宇沢氏は自然環境、社会インフラ、制度などを社会的共通資本と捉え、これらを皆で守っていくことが大切と考えた）

「小さな政府や規制緩和で自由競争を促進する新自由主義や市場原理主義は、大きな二つの課題を生んだ。一つは格差の拡大で、世代を超えて格差の再生産が行われている。社会的公正について考え直す必要がある。もう一つは生態系の破壊だ。気候変動問題はもちろんだが、新型コロナウイルスについても人類の経済フロンティアが拡大したことが原因ともいわれている」

「分配の問題を軽視し、経済全体としてプラスになればいいというのは、トリクルダウンの思想（富裕層がもうければ、いずれ低所得層も恩恵を受けるという考え）。そういう考え方ではいけない。英国の経済学者ケインズは、経済学は自然科学ではなく、道徳科学であると強調した。ハンガリーの経済学者カール・ポランニーは『市場が社会から切り離された時、すべてが市場の要求に隷属する』と警鐘を鳴らした。評伝で宇沢経済学の背景を知り、社会性や公正性、正義の大切さを改めて認識した」

ケインズ経済学を含む経済思想を研究してきた私たちにとっては、新自由主義や市場原理主義の限界、格差の拡大、気象変動問題、社会的公正の重要性などは、リベラル派がよく話題にすることなので別に新しいとは思わないが、それらを財界のトップが言うのはきわめて重要で、見過ごしてはならない新しい動きである。

新しい資本主義と経団連のサステイナブル資本主義

その証拠に十倉会長になってから、経団連のホームページは様変わりし、その「Policy（提言・報告書）」コーナーにも「サステイナブルな資本主義を実践する――二〇二二年度事業方針――」「グリーントランスフォーメーション（ＧＸ）に向けて」などが載っている。

「会長コメント／スピーチ」コーナーに至っては、岸田内閣が閣議決定した「新しい資本主義のグランドデザイン及び実行計画」および「骨太方針二〇二二」に触れながら、「新しい資本主義においては、社会課題解決を新たな市場創出ととらえ、『市場も国家も』、『官も民も』連携して取り組む必要性が示されている。こうした考え方は、経団連が掲げるサステイナブルな資本主義の実現と合致するものであり、高く評価したい」（二二年六月七日）と述べている。

財界のトップが宇沢氏の名前まで持ち出して、サステイナブル資本主義、気象変動問題、地域協創アクションプログラム等々に取り組む姿勢を見せたことは素直に評価してもよいのではないだろうか。

十倉会長は、百年以上前にケインズの師匠だったアルフレッド・マーシャルが説いた「経済騎士道」の精神を図らずも実践している好例のように思える。マーシャルは人間性の進歩に期待し、いつの日か、資本家や企業家が自己の利益だけを最大化することだけに満足せず、蓄積した富をすすんで公共の利益のために提供する生活態度を身につけることを期待していた。二十一世紀の現在、日本の財界のトップみずからが公式にその方向に舵を切ったことを喜んでいるに違いない。

（二〇二二年九月十一日）

企業家論、「シュンペーター絶対主義」に注意

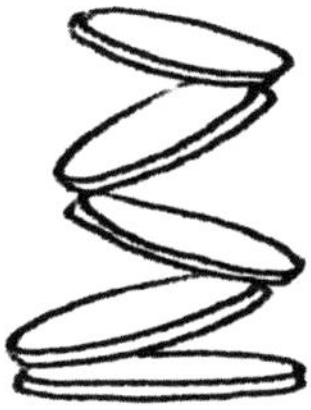

数カ月前、ある動画製作会社の人が、ビジネス・スクールの教授に推薦されたといって研究室を訪ねてきた。私の専門は経済学史なので、ビジネス・スクールの教育に直接役立つような研究はしてこなかった。だが、かつて「企業家精神とは何か」についての経済思想を整理した新書を書いたことがあるので、もし何か関係があるとすればそのことに違いないと予想していた。

案の定、現実から一歩ひいて「企業家」についての経済思想を解説する動画を撮りたいということだった。問題は撮影する時間だった。大阪のスタジオで撮影すると聞き、時間的に厳しいと事情を話したが、パソコンひとつあればオンラインで可能だということだったので、一度くらいはやってみるかと決意した。

企業家論と二人の仏経済学者

「企業家」とか「企業家精神」というと、大半の人々がシュンペーターの名前を挙げるのみで、他の経済学者の貢献について語られることは少ない。さらに私は、もともとフランス語であるはずのentrepreneur（「企業家」の意味、カタカナでは正確ではないが「アントゥルプルヌール」と発音する）という言葉が、「アントレプレナー」という奇妙な日本式の読み方でいつの間にか人口に膾炙していることにも不満を感じていた。

それよりも、なぜ最初にフランス語が使われたのかの方が重要である。先に答えを言ってしまえば、初期の企業家論に顕著な貢献をした複数の経済学者がフランスにゆかりのある人たちだったからだ。私が念頭に置いているのは、リシャール・カンティヨンとジャン・バティスト・セイの二人である。このうちカンティヨンの方はアイルランド出身だが、フランスで活躍し、主著『商業試論』（初版一七五五年）もフランス語で書かれているので、海外の文献でも「フランスの貢献」の中に入れられることがふつうである。

アンシャン・レジーム（フランス革命前の絶対王制）下のフランスで活躍したカンティヨンは、君主と地主以外を「従属者」と呼び、従属者をさらに「企業家」（一定していない給与の所得者）と「給与の所得者」（一定の給与の所得者）に二分しているが、企業家の本質を不確実性のもとで意思決定をおこなう「危険負担者」である点に求めている。早くも十八世紀の中頃にこのような視点を打ち出した意義は決して小さくない。

もう一人のセイは、ケインズが『一般理論』の中で標的にした「セイの法則」（供給はそれみずからの需要を創り出す）のセイなので、覚えている人も多いだろう。だが、ケインズによってその法則が論理的に粉砕されたので、長い間、それ以外の仕事が過小評価された嫌いがある。

ところがどうして、セイは企業家論において重要な貢献をしているのである。セイについては、日本では、栗田啓子氏（東京女子大学教授）による先駆的な研究がある（「商業討究」一九八六年三月）。栗田氏によれば、セイの『経済学提要』

（一八〇三年）には、企業家の役割として、①生産における意思決定②資本調達③情報収集④危険負担⑤イノベーション、の五つが挙げられているという。とくに、シュンペーター以前で、⑤が含まれていることの意義は小さくない。

その点でいうと、同じフランス人でもレオン・ワルラスの場合は、一般均衡状態において企業家は「利益も得なければ損失も被らない」存在にすぎず、企業家のもっと積極的な役割の余地がない。企業家論としては、セイよりも後退しているのである。

シュンペーターの圧倒的強さ

シュンペーターは、以上のようなフランス人の貢献をよく知っていたが、主著『経済発展の理論』（初版一九一二年）はドイツ語で書かれているので、引用文を除いて、Unternehmer（「企業家」の意味）という言葉が使われていた。ちなみに、イノベーションも、neue Kombinationen（「新結合」の意味）と呼ばれていた。彼が「企業家」についてentrepreneurというフランス語を一貫して使い始めたのは、英語で論文や著書を書くようになってからである。

さて、シュンペーターが定義したイノベーションの内容（新しい財の生産、新しい生産方法の導入、新しい販路の開拓、原料・半製品の新しい供給源の開拓、新しい組織の実現）は、今日でもよく紹介されるので、どこかで見たことのある人が多いのではないだろうか。

だが、シュンペーターのイノベーション論の影響が圧倒的に強くなったせいで、「企業家精神」といえば、シュンペーター以外の仕事はないと短絡的に受けとめている向きもあるように思う。私は、シュンペーターの学識を深く尊敬しているが、あるいは尊敬しているからこそ、彼以外に企業家論に貢献した人々を軽視することは、経済思想の正確な理解を妨げているとかねてから主張してきた。

たしかに、企業家によるイノベーションの遂行によって静態が破壊された後、イノベーションの群生から好況が生み出され、やがてイノベーションが創り出した新事態への適応として不況が始まり、新たな静態に至るまで続くというストーリーは、読者をワクワクさせるものがある。だが、経済学の長い歴史をひもとくと、イノベーションによって静態を破壊することだけが企業家機能の本質と考えたシュンペーターは一つの例に過ぎない。

カーズナーの企業家像、革新に気づく力

シュンペーターの後でも、ミーゼスやハイエクのオーストリア学派の思考法を継承したイスラエル・M・カーズナーが、「すでに存在し、気づかれるのを待っている諸機会に対して機敏である」者という企業家像を提示している。カーズナーは次のように言っている。

企業家機能は、私にとって、新しい生産物や新しい生産方法の導入というよりは、むしろどこで新しい生産物が消費者にとって思いもかけず貴重なものになり、どこで他者には未知であった新しい生産方法が実現可能になったのかに気づく能力である。私にとっては、企業家機能の本質は、費用や収入の曲線をシフトさせるのではなく、それらの曲線が現実にシフトしてしまっ

たことに気づくことにある。

（『競争と企業家精神』一九七三年）

この企業家像は、「創造的破壊」をもたらす者として企業家を捉えたシュンペーターの思考法とは極めて対照的である。

私は、先に触れた動画でも、シュンペーターの前にも後にも様々な企業家像があることを紹介し、「シュンペーター絶対主義」に陥らないように注意を喚起したつもりである。ビジネス・スクールに学ぶ視聴者たちにも、このメッセージが届くことを願っている。

（二〇二二年十月三十日）

人文学と経済学、「知識の発展は飛躍的に生ずる」

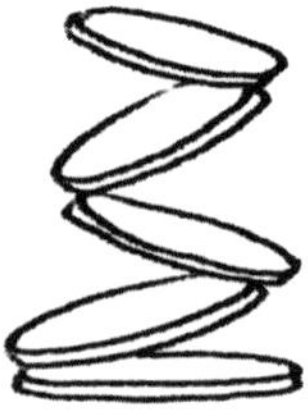

二〇二二年十月中頃、私は横浜市日吉にある慶応義塾高等学校で講演する機会があった。高校生を対象にした講演は初めてだったが、そのような企画が実現したのは、前校長の古田幹氏と私がともに「正統と異端のせめぎ合いからイノベーションが生まれる」という見方に同意していたからである。

私がふだん見慣れている大学生は、厳しい受験勉強の末に入学してくるせいか、大半はしばらく、もっと深く学ぼうとすること自体を放棄しているように見える。これでは大学教育がうまくいくはずがない。それに対して、慶応高校は卒業すれば上の大学に進学することができるので、受験勉強からは解放されている。したがって、その分、空いた時間をスポーツや少しレベルの高い勉強に割くことができるメリットがある。すでに、大学の教員が高校―大学をうまく連携させるための講義をするために定期的に訪れているという。

シュンペーターと人文学の素養

私は、講演では、経済学においても人文学の素養がいかに大切かという話をした。最近、大学では入学時からデータサイエンス系の科目が重視されるようになったので、人文学の中でも語学、とくに第二外国語が軽視されつつある。私はこの動きには反対である。もちろん、経済学に数学や統計学が使われていることは高校生でも知っているが、あえて「人文学」を強調したのは、私が長く研究してきた二十世紀経済学の天才、シュンペーターの例を知っているからである。

シュンペーターは、ウィーン世紀末に、「テレジアヌム」というエリート養成校で青年時代を過ごしたが、古典語（ギリシャ語やラテン語）や現代語（母語のドイツ語のほかにフランス語、英語、イタリア語）を完璧にマスターしていたので、ウィーン大学に進学する前から、その語学力を生かして古今のあらゆる分野の古典的名著を読んでいた「恐るべき子供」だった。

ウィーン世紀末で、フロイトの精神分析、クリムトの分離派運動、マーラーの革新的交響曲などを目の当たりにした彼は、人間の文化の発展がある時期に「飛躍的」に生じることを身をもって体験していたのである。この体験が彼の経済思想の形成に大きな影響を与えた。

マーシャル「自然は飛躍せず」

ところが、当時の正統派経済学の大物は、有名なケインズの師匠であり、ケンブリッジ学派の創設者、アルフレッド・マーシャルであった。彼の主著『経済学原理』（初版は一八九〇年）の扉には、その本のモットーとして「自然は飛躍せず」という言葉がラテン語で刻まれていた。

マーシャルは、経済発展は一人の発明家や銀行家などによって一気に生じるのではなく、一歩一歩、確実に、わかりやすくいえば連続的に進行するのだと説いていた。実際、産業革命の発祥地である英国では、現在の国内総生産（ＧＤＰ）

の推計をもとにした研究（一八二〇年から七〇年、一八七〇年から一九一三年の期間）によると、一人当たり実質GDP成長率がほんの一・二パーセントと一・〇パーセントだったのだ（アンガス・マディソン『世界経済の成長史 一八二〇〜一九九二年』東洋経済新報社、二〇〇〇年参照）。だが、たとえ一パーセントであったとしても、百年も続けば軽く倍増以上になる。マーシャルのモットー「自然は飛躍せず」には、そうした先進国の「余裕」も見てとれる。

しかし、シュンペーターの母国（当時はオーストリア＝ハンガリー二重帝国）やその他の後進国では、英国に追いつくには何か「起爆剤」が必要だった。シュンペーターは、優れた直観に基づいて、企業家が銀行家の資金援助を受けてイノベーションを遂行することが「発展」の根本現象であると主張した。

マーシャルへの異議申し立て

そのアイデアをまとめたのが、いまや古典的名著となっている『経済発展の理論』（一九一二年）だが、すでにその数年前の論文から、もっといえば一作目の

『理論経済学の本質と主要内容』（一九〇八年）の中にそれを示唆する箇所がいくつかある。何よりも、彼がマーシャルの「自然は飛躍せず」というモットーに冒頭から異議を申し立てていることに留意したい。

「自然は飛躍せず」――この命題を題辞《モットー》としてマーシャルはその著書の冒頭に掲げたが、実際、それはこの著書の特色を適切に表現している。しかし私は彼に反対して、人間の文化の発展、とりわけ知識の発展は、まさに飛躍的に生ずることを主張したい。力強い飛躍と停滞の時期、溢れるばかりの希望と苦い幻滅とが交替し、たとえ新しいものが古いものに基礎を置いていようとも、発展は決して連続的ではない。われわれの科学は如実にこれを示しているのである。

（大野忠男・木村健康・安井琢磨訳）

このような発想は、彼が青年時代を過ごしたウィーン世紀末の特異な文化状況を離れては生まれてこないように思われる。彼は知識や学問の飛躍的進歩、そしてそれがイノベーションにつながっていくことを確信していたのだ。「経済学」の話だと思って聴いてくれた高校生は、哲学や文化史の話が出てきて戸惑ったかもしれないが、あとで寄せられた質問の数々を読むと、彼らの理解は予想以上であった。とても嬉しかったので、できる範囲でフィードバックをしておいた。例えば、次のように回答した。

「駅馬車を連続的に加えていっても決して鉄道をうることはできない」というシュンペーターの喩えがわからないという質問がありました。シュンペーターは、イノベーションを起こそうとしている「革新者」は従来の古い経営方法に従っている人たちと最初は併存しますが、ついにはイノベーションによって彼らを駆逐していくと考えます。イノベーションは「連続的」ではないというのは、こういう意味も含まれます（回答文の一部抜粋）。

私は、最近、大学生の頭はやや固くなっている印象をもっている。入学時から弁護士や公認会計士などになりたいという希望をもつ学生は少なくない。それは大いに結構だが、試験勉強にはすぐに「役立たない」勉強を敬遠する傾向にあるのは、広い意味での人間の知性の成長を妨げる一因になるかもしれない。だが、高校生にはまだまだ可能性がある。他の高校でも、高校—大学間の学問的交流がもっと拡充されるのを期待したい。

（二〇二二年十二月十一日）

米国標準を日本に、有言実行の経済学者・小宮氏

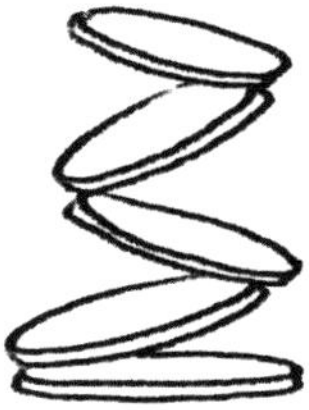

小宮氏、学生の必読書を執筆

二〇二二年十月三十一日、東京大学名誉教授の小宮隆太郎氏が亡くなった。一九二八年十一月三十日の生まれだから、享年九十三歳。経済学者のなかでも長命の一人である。私が大学の学部生から大学院生の途中まで、小宮氏はまだ東京大学の現役教授として学界や論壇で活躍中だった。ある人は、若い頃の小宮氏のことをよく覚えていて「剃刀のように鋭かった」と評していた。

学部生の頃、私は、中級ミクロ経済学の教科書だったJ・M・ヘンダーソンとR・E・クォントの共著『現代経済学』（創文社、一九六一年）の訳者として小宮氏の名前を初めて知った（増訂版は兼光秀郎氏との共訳、一九八四年）。そして経済学の

学習が進むにつれて、私は小宮氏の他の仕事にもたくさん触れることになった。

一九七〇年代から八〇年代に大学院進学を志した経済学部の学生にとって、岩波書店から刊行されていた『現代経済学』シリーズ（全十巻）は必読書と言ってもよかった。小宮氏はそのうち、『価格理論』Ⅰ・Ⅱ・Ⅲ（今井賢一・宇沢弘文・根岸隆・村上泰亮諸氏との共著、一九七一―七二年）と『国際経済学』（天野明弘氏との共著、一九七二年）の執筆に参加していた。

『価格理論』の応用分野（例えば、産業組織論）は小宮氏の貢献が大きかったはずであり、『国際経済学』は結構分厚く、内容の濃い教科書だった。このシリーズで経済学を勉強したのは、おそらく、私の世代が最後だろう。いま、書棚にあるこのシリーズを眺めてみると、当時考えうる最高の人材を集めた金字塔だったといっても過言ではない。

米国のスタンダードを身につける

私は、単に教科書の話がしたくて、こんなことを書いているのではない。一九七〇年代といえば、東京大学でも京都大学でも、経済学部はまだマルクス経済学の勢力が強かった。「近代経済学」（マルクスではない経済学を意味する言葉で、新古典派やケインズを指す場合が多かった）の研究者は少数派だったと言ってもよい。

日本では、戦前から戦後のある時期まで、日本経済の現状分析や経済政策論を手がけたのは主にマル経学者だったのだ（例えば、講座派と労農派のあいだでおこなわれた日本資本主義論争や、終戦後まもなく有沢広巳氏の提唱した傾斜生産方式などを想起すればよい）。

ところが、若き日の小宮氏は、幸運にも、一九五六年から三年間、米ハーバード大学に留学する機会をつかみ、かの地でミクロやマクロや計量の基礎分析を修得した研究者たちが、それを用いて現実の米国経済の諸問題を活発に議論している様子をつぶさに観察した。議論をするのに、日本のような教授―助教授―助手のような序列は全くなく、みな一人の学究として自由にものが言える環境があった。

小宮氏は、日本に帰国後、このような環境をつくろうとした。学部生や大学院生に、米国でスタンダードとみなされる経済理論（当時の主流は、サムエルソンが唱えた新古典派総合、すなわちミクロとマクロのいわば「平和共存」である）と、その理解に必要な数学や統計学、さらに現状分析に必要な計量経済学などを定評のある教科書を通じてしっかり学ばせること、そして学ばせるだけでなく、その上で彼らに日本経済が抱える諸問題について考えてみることを要求した。

帰国後、ものおじせず積極的に発信

ミネルヴァ書房から出ているシリーズ「自伝」のなかに、小宮氏の『経済学わが歩み――学者として教師として』（二〇一三年）が収められているが、小宮氏は次のように述べている。

経済学という学問は、理論を習っても実際にそれを使えなければ意味がないと私は思う。現実の経済に対して理論を使うことは、経済学を理解する上でとても重要だ。先に述べた通り、アメリカの大学では修士論文を書く前に口頭試問を行い、学生が現実の経済問題にどの程度理論を適用できるかテストしていた。だが日本の経済学教育には、今でもなおそうした要素が乏しいと思われる。

……

米国留学から戻った私は、これからの日本の状況の中で、かつての「あかんたれ」が吹っ切れたかのように、誰に対しても遠慮なく、物おじせず、積極的に発言するようになった。金融政策や日本の貿易政策、産業政策や税制などを調べ、硬軟さまざまなレベルでものを書いたり、意見を述べたりし始めた。ここでいう「硬」とは、英語あるいは日本語のアカデミックな論文、「軟」とは、新聞や雑誌などへの寄稿や、座談会の発言などである。

有言実行の「偶像破壊者」

米国留学後の小宮氏の一連の仕事は、まさにこの文章の「有言実行」であったと言えるだろう。若い世代の研究者には信じがたいかもしれないが、米国でスタンダードとみなされる理論を日本経済に適用して政策提言することは、まだ日本の「近代経済学」の世界では十分に「常識」となっていなかった。そうしてみると、興味深いことに、「世間」の「常識」とは正反対の主張が出てくることがあったので、小宮氏は「偶像破壊者」と呼ばれたものだ。

例えば、当時の産業組織論の米国スタンダードは、ＳＣＰモデル（簡単にいえば、市場構造Sが市場行動Cを規定し、市場行動が市場成果Pに影響を及ぼすという考え方）だったので、市場構造を意図的に独占的にするような「大型合併」に対しては否定的な評価が下された。一九六八年、八幡製鉄と富士製鉄の合併が問題になったとき、小宮氏は当然のように、政財界の合併推進を阻止するために、他の「近代経済学者」の同志を募って合併反対声明までおこなった。

だが、小宮氏のように、価格メカニズムを麻痺させかねない大型合併などは「自由経済」とは相容れないとする主張は、当時まだ「常識」とはなっていなかったのである。小宮氏が「偶像破壊者」と呼ばれたゆえんである。

若い頃の小宮氏が一般向けに書いた論説では、東大での同僚教授だった館龍一郎氏との共著『経済政策の理論』（勁草書房、一九六四年）が光っている。日本経済新聞のコラム「やさしい経済学」のために書かれた多くの解説論文が収録されている。将来の日本経済思想史の研究者にとっては、必ず参照される文献として残るだろう。

（二〇二三年二月十二日）

シカゴ学派、巨頭ナイトは複眼の持ち主

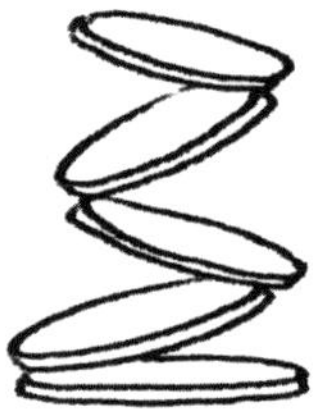

シカゴ学派の生みの親

二〇二三年は、初期のシカゴ学派のリーダーの一人、フランク・H・ナイト（一八八五―一九七二）の「競争の倫理」と題する論文が書かれてからちょうど百年になる。

いま「シカゴ学派」と書いたが、実はこの学派の経済学史上の位置づけを正確に理解している人はまだ多くない。一番の理由は、日本でも人気のあるミルトン・フリードマンやジョージ・J・スティグラーたちが自分たちの師匠筋に当たるナイトをシカゴ学派の生みの親として高く評価し、市場経済のメリットを最大限に評価する思想の拠り所にしたことである。

この思想については、「自由放任主義」や「市場原理主義」という言葉を使うとミスリーディングなので、ここでは「市場経済尊重論」と呼ぶ。

確かに、ナイトが経済的自由主義を支持したという言い方なら間違いではないが、彼はそれと同時にそれを懐疑的にみる複眼的な目を持っていたことを言い添えないと彼の思想を正しく理解したことにはならない。そのことは、少し後で論じよう。

シカゴ学派、一枚岩ではない

そもそも、第二次世界大戦以前のシカゴ学派は、フリードマンやスティグラーのような「市場経済尊重論者」が言うほど一枚岩ではなかった。ナイトとともに当時のシカゴ大学の二大巨頭の一人、ジェイコブ・ヴァイナーは、きわめて厳格な教師として知られ、新古典派の価格理論を学部時代のポール・A・サムエルソンに教えたことで有名である。

彼は政府の民間企業への干渉をいかなる場合でも反対するという意味での頑固

な自由主義者ではなかったし、一九四〇年代後半にはプリンストン大学に移っているので、手紙などを調べると、自分でも「シカゴ学派」の範疇に入れられることには疑問を抱いていたことが判明している。

ヴァイナーのほかには、社会研究における数量化の可能性に関心を持っていたポール・ダグラスがいた。だが、彼の基本的な立場は制度主義者に近く、シカゴでは経験的な労働経済学の開拓者として知られている。このことは、初期の文献を研究したメルヴィン・レーダーがかなり以前に指摘していた。ダグラスはまもなく政界に転じたので、シカゴとの学問的なつながりはほぼなくなった。

ランゲは市場社会主義の先駆者

さらにもう一人挙げると、オスカー・ランゲというポーランド出身の経済学者がいた。ランゲは経済理論の分野では一般均衡理論の仕事で知られているが、同時に社会主義者でもあったので、それを社会主義計画経済に応用するというアイデアを思いつき、いわゆる「市場社会主義」の先駆者となった(「社会主義の経済理論について」一九三六―三七年）。

ランゲの仕事には、日本の経済学者・柴田敬の仕事が影響を与えたことが知られている。ランゲは、柴田が京都大学の欧文紀要に書いた論文「マルクスの資本主義分析とローザンヌ学派の一般均衡理論」（一九三三年）を読んで感銘を受けたのである。この時期のランゲは、人生の中で最も理論的に鋭敏であった時期に当たっており、シカゴでは数理経済学や計量経済学の分野での活躍が期待されたが、やがて祖国ポーランドに戻り、経済理論家ではなくなっていった。

このように第二次世界大戦前のシカゴ大学で活躍した経済学者は多様であり、フリードマンやスティグラーのような「市場経済尊重論者」で固まっていたわけではなかったのである。

さて、ナイトに戻ろう。ナイトは、前に触れたように、経済的自由主義を否定したことは決してない。だが、なぜ彼は、フリードマンやスティグラーのような「市場経済尊重論者」の方向に行かなかったのか。それを考えるヒントが、百年前に書かれた「競争の倫理」と題する論文である（現在では、日本語でも読める。黒木亮訳、ミネルヴァ書房)。

この論文は、フリードマンの『資本主義と自由』(一九六二年)ほど単純明快でもないし、ときどき難渋な用語が登場するので、軽く読めるような内容ではないことは覚悟した方がよい。ここでは、関連する部分だけに言及する。

自由企業体制のビジネス、バランスが肝要

ナイトは、その論文の中で、自由企業体制におけるビジネスをある種の「ゲーム」になぞらえている。そして、このゲームが「よいゲーム」になるためには、「能力」「努力」「運」という三つの要素のバランスがとれていなければならないと強調している。

バランスが欠落しているとき、例えば、「運」が非常に大きな比重を占める場合、ゲームはよい方向から外れる。

最初の勝負またはラウンドにおける運の効果は、以降のゲーム展開のなか

で大数法則に一致するように均《なら》されてしまうことなく、最初に成功したプレーヤーにそれ以降の勝負でも特別の利益を与え、それがいつまでも続くからである。一回目の賭けの結果次第では、退場を迫られたり、ゲームへの復帰が極めて困難な立場に追い込まれたりする可能性が誰にでもある。

（黒木亮訳）

私は、冒頭に、ナイトは自由企業体制の効率性を高く評価しながらも、それを相対化し、懐疑的に見る複眼の持ち主だったと特徴づけた。だが、そのような理解が必ずしも一般的になっていないのは、のちにフリードマンやスティグラーが彼らの「市場経済尊重論」の立場の先駆者として、ナイトの名前をことあるごとに持ち上げたためだろう。

現在、広く使われている「シカゴ学派」のイメージは、フリードマンやスティグラーたちによって創られたものであると言ってもよい。偉大な経済学者の思想は、そう単純ではない。百年という節目に、ナイトの「競争の倫理」を熟読することをおすすめしたい。

（二〇二三年四月二日）

偉大な経済理論家ワルラス、条件の平等を重視

今年（二〇二三年）の二月、レオン・ワルラスの『社会経済学研究』（初版は一八九六年）が初めて翻訳・出版された（御崎加代子・山下博訳、日本経済評論社）。出版から百三十年近く経っての邦訳である。

ワルラスといえば、現代経済学の基礎である一般均衡理論を体系化したフランス人で、スイスのローザンヌ大学で教鞭をとったことが知られている。一般均衡理論とは、「完全競争」（わかりやすく言えば、消費者も企業も多数存在し、生産物は差別化されておらず、その市場への参入・退出の自由も保障されているなどの条件が満たされていること）を仮定し、あらゆる市場における需要と供給の相互依存関係を連立方程式体系で提示したモデルである。

昔、経済学部で経済原論を習った読者なら、教員がワルラスの連立方程式体系において、方程式の数と未知数の数が一致するのを確認し、均衡価格が決定されると説明するのを思い出すのではないだろうか。このような理論は、ワルラスの最も有名な著作、『純粋経済学要論』(初版は、第一分冊が一八七四年、第二分冊が一八七七年に出版された)の中で提示された。その後、一般均衡理論は急速に発展し、現在では容易に素人が近づけないほど数学的に高度になったが、今回の話はそのことではない。

実は、ワルラスは、ローザンヌ大学において、「純粋経済学」「応用経済学」「社会経済学」の三つを講じていたのだが、そのうち、純粋経済学の業績である一般均衡理論のみが、後の学界において高く評価されたのである。

シュンペーターの評価

日本でも人気の高いシュンペーターは、経済学の歴史において、ワルラスが最も偉大な経済理論家だとまで持ち上げている。シュンペーターが来日(一九三一年）したとき、東京帝国大学での講演を聴いた安井琢磨（わが国の黎明期の理論経済学の先駆者）は、シュンペーターから直接、経済理論の研究を「ワルラスから始めよ」とアドバイスされ、そのいう通りに一連のワルラス研究論文を書いていった（『安井琢磨著作集』第一巻、創文社に収録されている）。だが、そのシュンペーターも、その他はあまり「科学的」意義はないので無視してもよいという態度をとっていた。

誤解を招かないようにあらかじめ言っておくが、私もワルラスの仕事の中では、純粋経済学が一番優れていると考えている。だが、それだけでは、ワルラスの「経済思想」が理解できないのである。経済理論家は概して数理モデルにはならない思想部分は切り捨てる傾向にある。

だが、ワルラスがそもそも経済学に入っていったのは、『社会経済学研究』の主な課題である「正義」に関心を持っていたからだということに注意する必要がある。ワルラス研究者の多くもそう考えていたからこそ、年数は経っていても、その邦訳が望まれていたのである。

ワルラスのいう「正義」は、社会的富の分配に深くかかわっている。ここで分配されるべき「社会的富」とは、「土地」と「人格的能力」のことである。ワルラスによれば、人格的能力は自然権によって個人に属するが、対照的に土地は自然権によって国家に属する。彼は、各人はその持てる人格的才能をもって自らの未来を自由に切り開いていくことが許されると考えた。

もちろん、各人の人格的才能はまちまちなので、その努力の結果には、当然、差が出るが、人格的才能が個人のものである以上、その努力の結果として生じる「地位の不平等」は容認される。だが、肝心なのは「地位の不平等」を適用する前に、「条件の平等」が国家によって保障されていなければならないことである。特に自然のたまものである土地は国家のものだから、それを国有化し、各人が土地を平等に利用できなければならない。つまり、「条件の平等、地位の不平等」こそが、ワルラスの「正義」の原理なのである。

「自由放任主義」とは一線

ワルラスは土地国有化によって従来土地から得られた収入（地代や小作料など）はすべて国家のものになり、それが国家財政を支えるので、労働者の所得に課税する必要はなくなり、その人格的能力の成果をすべて自分自身のものにできるようになると考えた。土地国有化と賃金免税がセットになっているのである。賃金免税によって、労働者も貯蓄する余裕が生まれ、それを投資に回すことで多少なりとも財産所有者になる道が開ける。

もちろん、ワルラスの「企画」通りに土地国有化のプログラムが進むかどうかは疑問も多いが、彼が土地国有化論を奉ずる特殊な意味での社会主義者であり、「地位の不平等」の前に「条件の平等」をもってきたことは留意すべきである。

ところで、ワルラスの一般均衡理論は、前に説明したように、完全競争を仮定したときの均衡価格決定理論だったが、もしワルラスの意味での条件の平等が満たされていなければ、条件の違うもの同士が競争し合うことになり、ワルラスの「正義」の原理に反する。

ワルラスの一般均衡理論のみを彼の遺産として取り上げると、ワルラス理論は、完全競争に任せていれば、あらゆる市場で需要と供給が等しくなる一般均衡状態が自然に実現されるという意味での「自由放任主義」（アダム・スミスの「見えざる手」と表現する人もいる）の正当化であると誤解されかねない。実際、そのような誤解が生じていたので、「正義」の原理が経済学研究の出発点だったワルラスは心を痛めていたのである。

先日、フィンランドへの留学から帰ってきた学生と話す機会があったが、あちらでは学費が安い上に、子育てや医療への手厚い保護が受けられるので、ある意味でワルラスのいう「条件の平等」がかなり満たされているという感想をもらしていた。日本はたしかにその方面が遅れているので、示唆に富む話だ。

このように、ワルラスの思想への誤解を解くための鍵が『社会経済学研究』であり、長い時間をかけて二人の研究者が翻訳してくれた労を多としたい。

（二〇二三年六月四日）

経済学の泰斗高田保馬、思想の原点は社会学

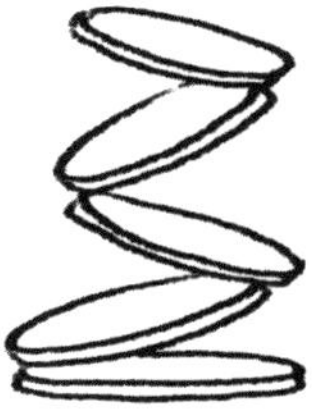

去る五月二十七日、私が勤務する大学の経済学研究科は経済学会との共催で、「高田保馬記念講演会」を開催した。経済学会主任の私が司会を務めたので、この機会に高《たか》田《た》保《やす》馬《ま》（一八八三―一九七二）の業績を振り返ってみたい。というのは、知人で一橋大学出身の相当のインテリが高田保馬を知らなかったことに衝撃を受けたからである。

高田は、京都帝国大学文学部で最初は社会学を学んだが、後に経済学も講じるようになり、東京商科大学（現一橋大学）、九州帝国大学を経て、一九二九年から四四年まで、京都帝国大学経済学部で経済学を講じた。

宮沢元首相も学んだ

経済学者としての高田は、後に述べるように、「勢力経済学」で知られたが、経済学教科書は自説を抑えて満遍なく通説を解説しており、故宮沢喜一元首相も高等文官試験のために高田の教科書を読んだことが知られている。ケインズやシュンペーターと同じく一八八三年の生まれで、一九七二年に没しているので、昨年（二〇二二年）がちょうど没後五十年に当たっていた（さらに言えば、今年は生誕百四十年ということになる）。

講演会のプログラムは、次の通りで、午後一時から五時まで行われた。

・吉野浩司氏（鎮西学院大学教授、社会学専攻）「高田保馬の学問と故郷三日月村」
・牧野邦昭氏（慶應義塾大学教授、日本経済思想史専攻）「高田保馬の社会学と経済学」
・野原慎司氏（東京大学准教授、経済学史専攻）「日本経済学史における高田保馬」
・質疑応答

高田は、日本で最も早い時期にワルラスの一般均衡理論を紹介した一人であった。一般均衡理論の日本への導入というと、中山伊知郎（一八九八―一九八〇、一九三三年に初版が刊行された名著『純粋経済学』で知られる）を思い浮かべる読者が多いかもしれない。

だが、高田が数年間しか教授として在籍しなかった東京商大時代（一九二一―二四）、中山はまだ駆け出しの研究者で、高田がシュンペーターの『理論経済学の本質と主要内容』（ドイツ語原書一九〇八年、稀覯本として知られる）を借りっぱなしで困ったという回想を残している。高田経済学の全体像は、『経済学新講』全五巻（一九二九―三二）によって初めて披露されたが、「一般均衡の立場に立つと云うことは、理論的に最も強みのある立場に入りこみ得たと云う事に他ならぬ」（第二巻「自序」より）とあるように、ワルラス理論を早くから消化していた。

私の学生時代は、高田は、当初、「社会的勢力」が作用しないところで通用する一般均衡理論（一次接近）と、「社会的勢力」が作用する勢力経済学（二次接近）

をはっきり分けていたと教わった。だが、実際は、高田の立場は微妙に変化しており、ときに「経済法則」の中にも「社会的勢力」や「因果関係」が作用しているように語ったので、一般均衡理論の立場から中山らの批判を招くことになった。

「社会的勢力」が関係

一般均衡理論の理解に「社会的勢力」や「因果関係」を持ち込むべきではないという中山の批判は、正当なものだと思う。高田も読んだはずのシュンペーターの『理論経済学の本質と主要内容』は、経済数量間の「関数関係」を重視し、「因果関係」や「社会的勢力」を徹底して排除していた。

それにもかかわらず、高田は、例えば労働の供給価格には労働者の「社会的勢力」が大いに関係しているとか、利子の本質を「社会的勢力」に求めるなど、ふつうの経済理論家とは別の方向に進んだ。

高田の思想は、彼がもともと社会学者であったという事実を離れては理解しにくい。彼は三十代半ばで『社会学原理』(一九一九年)というみずからの社会学体系をほとんど完成してしまったのだが、その中心には、「群居の欲望」と「力の欲望」の区別があった。これは、テンニースの「ゲマインシャフト」（共同社会）から「ゲゼルシャフト」（利益社会）への進化を思い出せば、わかりやすくなる。

つまり、共同社会で支配的だった「群居の欲望」が、次第に利益社会で支配的な「力の欲望」へとシフトしていくということである。そして、その変化を促すのが人口増加であるというのが高田の「人口史観」の立場である。

五月の講演会では、牧野氏と野原氏がともに、人口増加によって共同体的な同質結合から利益社会における異質結合へと変化するのが高田社会学の立場であり、それが彼の経済思想の形成にも大きな影響を及ぼしたことを強調していた。高田経済学が高田社会学を離れてはあり得ないことは間違いない。

ユニークな社会学者・経済学者

ところが、大学院生時代から高田の足跡を詳細に辿り、新資料の発見などに尽力してきた吉野氏は、三名の講演者の中では唯一、高田が佐賀県小城郡三日月村

（現小城市三日月町）という農村に生まれ育ったことが、「群居の欲望」の発見につながったのであり、彼ほど故郷とそこに暮らす母親のことを大事にした者はいなかったことを強調していた。九州帝国大学教授時代も、彼は博多には住まず、佐賀の実家から長時間かけて通っていたのであった。講演では、老朽化により取り壊される前の高田の生家をドローンで撮影した映像を観ることができたのが収穫であった。

高田の学問をきわめて高く評価したのは、後年、世界的な数理経済学者として活躍することになる森嶋通夫（一九二三―二〇〇四）だった（もっとも、森嶋は旧制高校時代から高田社会学を学んでいたらしいが）。森嶋は、正確には、高田の孫弟子に当たるが、直接の師匠である青山秀夫（一九一〇―九二）よりも高田をずっと慕っていた。

司会者の私は、あたかも徳川家光が徳川家康を東照大権現様と敬慕したのに似ていると言ったが、決して的外れではないと思う。森嶋の高評価は多少は割り引く必要があるが、非常にユニークな社会学者・経済学者がかつて京都大学で教鞭をとり、優れた弟子たちを育てたことを記念する講演会としては大成功だったと思う。

（二〇二三年七月三十日）

パレート、経済理論家とは違うもう一つの顔

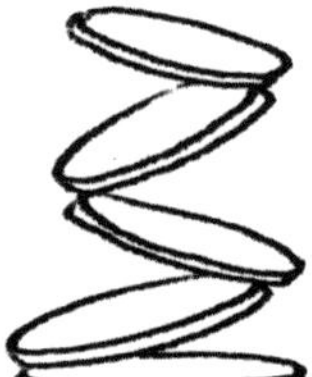

前回、高田保馬の学問を紹介したが、多くの読者から知らなかった（あるいは、とうに忘れていた）という反応が返ってきたという。京大生でも知らなくなった学者のことを東京のメディアや読者が知らなくても驚きはしないが、社会学と経済学に独自の貢献をした学者の名声も案外長く続かないものだ。

そんな例はいくらでもある。よい機会なので、今回は今年（二〇二三年）没後百年を迎えるイタリアのヴィルフレド・パレート（一八四八―一九二三）を取り上げてみたい。パレートもまた経済学者にして社会学者だからだ。

経済学者としてのパレートなら、経済学を少しでも学んだことのある読者ならたぶん知っているだろう。パレートは、ローザンヌ大学で一般均衡理論を講じた

レオン・ワルラスの後継者であり、経済学の入門講義では、資源配分の効率性を教えるときに「パレート最適」（他の誰かの満足を減らすことなしには、いかなる人の満足も増やすことができない状態のこと）という概念とともに名前が登場する。

この概念は、所得分配については何も触れていないので、主流派以外の経済学者（例えば、ジョーン・ロビンソンのようなポスト・ケインジアンや、ジョン・ケネス・ガルブレイスのような制度経済学者など）には不評だが、現代経済学の基礎概念の一つであり、ミクロ経済学でもマクロ経済学でもきわめて重要な役割を演じている。もしこれを知らなかったら、今の経済学部で開講されている科目の単位をとるのは困難かもしれないと言ってもよいくらいだ。

ただし、パレートも、それほど単純な人物ではない。パレートは、ワルラスとともに「ローザンヌ学派」の経済学者と呼ばれることが多いが、ワルラスの一般均衡理論こそ高く評価したものの、土地国有化を軸にしたワルラス独特の社会主義の思想は一顧だにしなかった。経済理論に限っても、パレートはワルラスの数学的能力のなさを冷笑していたような感がある。

ワルラスは、数理経済学の開拓者と言われながらも、数学の出来が悪くて、エコール・ポリテクニーク（「理工科学校」と訳されるエリート校）の入試に二度も落ちた人だった。それに対して、パレートは、トリノ工科大学で数理系の学問の訓練を受けていたので、ワルラスよりも高度な数学を簡単に理解することができた。

しかし、パレートが単なる経済理論家と違うのは、彼らがふつう扱う「論理的行為」（消費者の効用最大化や企業の利潤最大化のような行動を思い浮かべればよい）ばかりでなく、本能や感動などに動かされる「非論理的行為」にまで踏み込んでいったところである。パレートの仕事は、わかりやすく言えば、論理的行為を扱った経済学の仕事と、非論理的行為を扱った社会学の仕事に二分される。

今日の経済学界では、前者はよく知られているが、後者はほとんど無視されるか、一部のパレート研究家のみの関心事となっている。もちろん、現代の経済学者は、社会学なら社会学者が扱うのが正当であると考えているはずだが、パレートの社会学上の大著（イタリア語の原著が一九二〇年に刊行された、『一般社会学提要』姫岡勤訳、板倉達文校訂、名古屋大学出版会、一九九六年）が必ずしも読みやすくないことも、経済学者の無関心を招いているように思われる。

だが、その本の中には興味深いアイデアがちりばめられており、無関心のままでいるのはもったいないので、パレートの「言葉遣い」を理解することから始めた方がよい。

鍵となるのは、時代や国を通じて普遍的に見られる「残基」(residui)と、時代や国次第で可変的な「派生」(derivazioni)の区別だが、本質的により重要なのは「残基」の方である。森嶋通夫氏は、「残基」はわかりにくいので、それに代えて「基本要素」という言葉を使っているが(『思想としての近代経済学』岩波新書、一九九四年)、社会学では「残基」がすでに定訳なので、ここではそれに従う。

「残基」の中でも特に重要なのが、「結合の本能」と「集合体の持続」の二つである。結合の本能は、簡単に言えば、シュンペーター流の革新や独創や想像力のことである。これに対して、集合体の持続とは、伝統や慣行や保守主義の支配のことである。『一般社会学提要』では、前者を代表する人として「投機家」が挙げられているが、進取の気風にあふれる企業家や発明家なども含めてよいだろう。

後者の代表としては「金利生活者」が挙げられているが、現状維持で改革に抵抗する人なら官僚でも政治家でも誰でも入る可能性がある。

『一般社会学提要』の構想は壮大で、古代ローマから現代に至るまでの歴史から題材をとっているが、要は、社会の中で「エリート」と呼ばれる人たちが、結合の本能が強いグループと、集合体の維持が強いグループとの間で「周流」するということである。留意すべきは、一般に、これは「残基」を異にするエリート間の闘争であって、「持てる者」と「持たざる者」、あるいはブルジョアジーとプロレタリアートの間の闘争ではないことである。その意味で、エリートの「周流」は永遠に続くのである。

以上はパレート社会学のほんの一部の紹介に過ぎないが、ミクロやマクロでは「パレート最適」しか出てこないので、同じ人間の仕事とは思えないかもしれない。社会学からアイデアを得て経済学の研究に生かした高田保馬と違って、パレートは、経済学が扱わない「非論理的行為」を社会学の研究対象として捉え、「経済均衡」から「社会均衡」の探求へと向かっていったのである（日本におけるパレート研究の大家、松嶋茂氏の『経済から社会へ』みすず書房、一九八五年は、いまだに熟読に値する名著である）。現在の経済学界では、「社会学者」と呼ばれることは決して褒め言葉ではないが、没後百年をよい機会にして、経済理論家とは違うもう一つのパレートをぜひ思い出してほしい。

（二〇二三年九月十七日）

生誕百四十年に思う「ケインズもシュンペーターも」

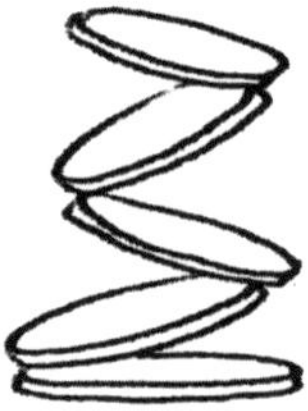

二〇二三年は、ケインズとシュンペーターの生誕百四十年に当たる年である。百四十という数字がやや中途半端な感じがしないでもないが、やはり今年のうちに言うべきことは書いておくことにしたい。

シュンペーターは、ボン大学教授だった一九三一年、一度だけ来日したことがある。東京帝国大学、東京商科大学（現一橋大学）、神戸商業大学（現神戸大学）で講演したほか、関東では日光、関西では京都に遊び、日本人から受けたおもてなしにすっかり感心して、離日した。彼は、その数年後、米国のハーバード大学教授となるが、日米関係が悪化しても決して親日の立場を崩そうとはしなかった（詳細は、拙著『シュンペーター』講談社学術文庫、二〇〇六年参照）。

日本上陸の第一声

私の師だった菱山泉（一九二三―二〇〇七）から聞いた話によると、菱山先生の師だった岸本誠二郎（一九〇二―八三）は、シュンペーターを出迎えた日本人研究者の一人で、日本上陸直後の第一声は「あなた方は、ケインズの『貨幣論』を読みましたか？」だったという（文献には残っていないが、確かに私が菱山先生から伝え聞いた話である）。その頃、シュンペーターも、自分の貨幣論をまとめようとしていたのだが、ケインズの『貨幣論』を読んだあと、結局、その仕事を放棄した（死後、ずいぶん時間がたって『貨幣の本質』と題して出版されたが、残念ながら、ケインズの『貨幣論』のような明快さに欠ける失敗作だったと思う）。

ケインズの『貨幣論』の原タイトルは、*A Treatise on Money* で、一九三〇年に二巻本として出版された。Treatise という言葉は体系的な著作に対して使うので、ケインズとしては、「貨幣」に関する包括的な問題を体系的かつ詳細に論じた意欲作にするつもりだった。ちなみに、Treatise と名の付くケインズの著作は、他には『確率論』（*A Treatise on Probability*, 一九二一年）があるのみである。

『貨幣論』は、のちの『雇用・利子および貨幣の一般理論』（一九三六年）があまりにも有名になってしまったので、現在ではややかすんで見えるが、当時としてはスウェーデンの経済学者、クヌート・ヴィクセルの物価理論を方程式の形に明確化した意欲作だった。つまり、投資と貯蓄の均等をもたらす利子率を「自然利子率」と呼び、それと中央銀行が設定する「市場利子率」の関係から物価の変動を読み解くのである。

例えば、自然利子率が市場利子率よりも高くなれば投資が貯蓄を超え物価が上昇し、逆に自然利子率よりも市場利子率が高くなれば貯蓄が投資を超え物価が下落し、二つの利子率が一致するところで物価が安定するという考え方である。『貨幣論』の「基本方程式」は、以上を明確にしたものだった。

『貨幣論』は決して失敗作ではなく、今でも金融論が専門なら『一般理論』よりも好んでいる学者が少なくないほどだが、やがて世界的な大恐慌の時代になり、物価理論よりも雇用量や所得がどのように決まるのかの方に学界や世の中の関心がシフトした。そして、その重要性に気付いたケインズも、ケンブリッジ大学内の若手研究者たちとの徹底した議論を通じて、『一般理論』の完成へと進んでいった。

『一般理論』では、「有効需要」（実際の購買力に裏付けられた需要のことで、国内に限れば消費と投資の合計になる）の大きさが雇用量そして所得を決めるというモデルが提示されているので、労働者が賃下げを忌避するがゆえに労働市場で需要と供給が均衡する賃金率よりも高い水準で失業が生じるという「古典派」の論理は退けられた。これが「ケインズ革命」と呼ばれるほどの大きな影響を及ぼしたことは、経済学部の一年生でも知っている。

ところが、ケインズは、『一般理論』を書くときに、「短期の想定」を置いていた。これは、人口・資本設備・技術が所与（つまり変化しない）という意味だが、世界的大恐慌の最中で労働者は大量に失業し生産設備が遊休しているという状況に即応した想定だった。そのような状況では、有効需要さえ増えれば、企業は稼働していない生産設備を再び動かし、労働者を雇い入れることが可能である。もし完全雇用の状況であれば、生産設備はすでにフル稼働しており、供給余力をつけない限り、生産を増やすことはできないので、需要増に応じてインフレが生じる。

シュンペーターは、『一般理論』の「短期の想定」を見逃さなかった。なぜなら、資本主義の歴史は、企業家によるイノベーションの遂行によって既存の生産関数が破壊されてきた（つまり、「新しい生産関数」が設定されてきた）ことを示しているので、「短期の想定」＝「生産関数不変」から出発した理論などは資本主義の本質からかけ離れた経済学に他ならないからだ。シュンペーターの古典的名著『経済発展の理論』（一九一二年）は、よく使われる言葉でいえば、「創造的破壊」の過程としての資本主義の本質を解明した名著だった。

二分法による理解を超えて

このような経緯があるので、長い間、ケインズ理論＝有効需要の原理（短期）、シュンペーター理論＝イノベーションの理論（長期）という二分法で理解されてきたのである。だが、初歩的な経済学で習う需要曲線と供給曲線の図とは違って、動態経済では、例えば「新しい商品」の生産というイノベーションに成功した企業家は、それに対する需要を喚起し、需要の増大がさらなるイノベーションにつながるという関係がよく見られた。

つまり、短期だから需要、長期だから供給と考えるのではなく、需要と供給は時間を問わず相互に影響を与え合っているのである。吉川洋氏（東京大学名誉教授）は、これを「有効需要とイノベーションの好循環」と表現したが、現実の経済を見るには、このような視点が重要である（吉川洋『いまこそ、ケインズとシュンペーターに学べ』ダイヤモンド社、二〇〇九年参照）。つまり、「ケインズかシュンペーターか」ではなく、「ケインズもシュンペーターも」必要なのである。

意外なことに、二人のライバル関係に幻惑されて、両者が相互補完の関係にあることが長いあいだ学界の共通認識となってこなかった。不幸なことである。生誕百四十年を機に、このような理解が広まることを願ってやまない。

（二〇二三年十一月十二日）

マーシャルが説く企業家の資質、没後百年で再考

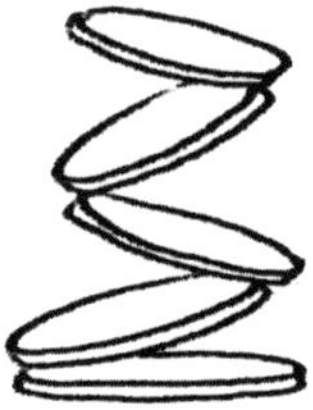

二〇二四年はケインズの師匠であり、ケンブリッジ学派の創設者として世界の経済学界に君臨したアルフレッド・マーシャル（一八四二―一九二四）の没後百年に当たっている。マーシャルの名前は、経済学を学んだことのある読者なら、あの「需要と供給の均衡」の図（当時は「マーシャリアン・クロス」と呼ばれていた）で有名な経済学者だなと思い浮かぶかもしれない。

残念ながら、現在、一般的な著名度は弟子であったケインズにはるかに及ばない。だが、それだけでは、マーシャルの主著『経済学原理』（初版は一八九〇年、一九二〇年の第八版まで経済学教科書として全世界で読まれた）を理解したとはとても言えない。

『経済学原理』第一〜四編に注目

まず、マーシャル『経済学原理』の構成がどのようなものであったかを見てもらうことにしよう（本稿では、馬場啓之助訳、全四巻、東洋経済新報社、を用いる）。

第一編　予備的な考察
第二編　若干の基礎的概念
第三編　欲望とその充足
第四編　生産要因　土地・労働・資本および組織
第五編　需要・供給および価値の一般的関係
第六編　国民所得の分配

これを見ると、なるほど、第一編から第四編までは、第五編で展開される需給均衡理論のための準備段階のように思える。実際、わが国における近代経済学の黎明期に活躍した安井琢磨（一九〇九―九五）は、この第五編を何回も読んだと語っていた。

さらにマーシャル研究者の多くは、「力学的アナロジー」に基づいた需給均衡理論が中心の第五編は、いまだにマーシャル経済学の「前段階」であり、本丸は「生物学的アナロジー」に基づいた国民所得の分配を論じた第六編にあると主張するだろう。マーシャルは当時の思想界全体に大きな影響を与えたダーウィンの進化論的な発想を用いて、経済の成長を樹木や有機体の成長のごとく語るのがしばしばだった。

だが、第六編は、需給均衡の図のように明快なモデルになっていないので、のちの経済理論家はこの部分をほとんど無視してきた。このようなことを経済学部の学生がすでに知っていれば上出来だが、第一編から第四編までは、「本論」とは言えないまでも、マーシャル経済学の思考法がよくわかるように書かれており、読み飛ばすには惜しい部分である。

まず、マーシャルが経済学をどのように定義していたのかを見てみよう。

経済学は日常生活を営んでいる人間に関する研究である。それは、個人的ならびに社会的な行動のうち、福祉の物質的要件の獲得とその使用にきわめて密接に関連している側面を取り扱うものなのである（第一編第一章「序論」）。

ここで重要なのは、「人間に関する研究」と明言されていることである。マーシャル以前の古典派経済学に出てくる「人間」とは、「土地」や「労働」や「資本」の所有者である「地主」や「労働者」や「資本家」だが、第四編の「生産要因」にはさらに「組織」が加わっている。組織との関わりが密接なのは「企業家」だが、マーシャルの時代、まだ呼び方が一定せず「実業家」「製造業者」「商人」などが使われていることに注意してほしい。

さらに言えば、マーシャルの「企業家」は、まだ「資本家」とは峻別されていない。この点は、のちに企業家機能の本質を「イノベーション」のみに見出したシュンペーターの批判を招いたこともあらかじめ記憶にとどめてほしい。

ビジネスパーソンにも参考

この第四編は、現代のビジネスパーソンにも参考になることがたくさん書かれている。ここでは、第四編第十二章「産業上の組織続論　企業経営」を取り上げよう。マーシャルは、企業家に要求される能力や才能について、特に二点を挙げている。

特定の注文に応じてではなく、一般的な市場めあてに財を製造する製造業者は、商人および生産と組織者としての第一の役割に関しては、その営業に関する事物の徹底した知識をもたなくてはならない。……かれは慎重に判断し大胆に危険をおかすことができなくてはならない。

第二に使用者としての役割においては、かれは天性の人間の指導者でなくてはならない。かれはまずその補助者を選び、そして選んだ以上かれらを全面的に信頼する力をもたなくてはならない。かれらに事業に関心をもたせ、かれらに信頼されるようになり、かれらがもっている機略と創造力をすべて引き出すようにしなくてはならない。反面かれは万事に全般的な統制力をおよぼし、事業の主要な計画に関して秩序をたもち統一を維持していかなくてはならないのである。

企業家が、第一に「営業に関する事物の徹底した知識」を持ち、第二に「天性の人間の指導者」でなければならないということは、いちいち納得できるが、マーシャルはこの二点を理想的な形で併せ持つ企業家が稀であることも経験上知っていた。

ところが、企業家の資質は必ずしも遺伝しないので（マーシャルは企業家は「カースト」を形成していないと表現している）、創業者から二代目、三代目と続くにつれて衰退していく場合もある。マーシャルがよく有機体の比喩をまじえて、企業の「ライフサイクル」について語ったのも、このような視点からだ。もちろん、個人事業主と違って、株式会社が普及してくると、組織体としての企業が、創業者一族を離れて、存続していくようになるかもしれない。

だが、「株式会社はその主要な危険をになう株主たちが営業について十分な知識を欠いている点、ひとつの大きな弱点をもっている」ので、マーシャルは株式会社の制度は近代の経済倫理の浸透によって初めて有効に働き出すものだと付け加えている。

マーシャルのものの見方は、経験を踏まえて複眼的なものになっているので、決して一つの理念でもって突っ走るタイプのものではない。若き日のシュンペーターは、マーシャルに反発し、先に触れたように、企業家機能の本質はイノベーションの遂行のみにあると主張したが、企業経営を担っている者の多くは、イノベーションだけではなく、マーシャルが挙げた二点も企業家の重要な役割だと納得するのではないだろうか。

（二〇二四年一月七日）

ロバート・ソローをしのぶ、成長理論でノーベル賞

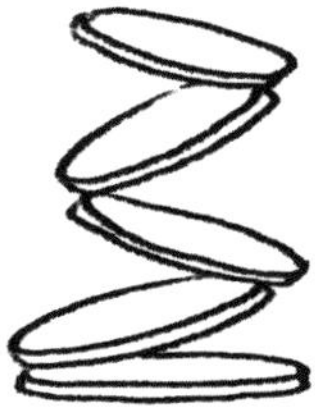

昨年の暮れ（二〇二三年十二月二十一日）、経済成長理論への貢献で一九八七年度のノーベル経済学賞を受賞したロバート・M・ソローが亡くなった（一九二四年八月二十三日生まれなので享年九十九歳）。ポール・A・サムエルソンとともに、MIT（マサチューセッツ工科大学）経済学部門の黄金時代を築いた経済学者だったので、訃報を聞いて名前に記憶のあった読者も多かっただろう。

十六歳でハーバードに

ノーベル財団のホームページに載っている経歴によると、ハーバード大学への奨学金を得て、同大学のあるマサチューセッツ州ケンブリッジに着いたのは一九

四〇年九月のことだった。単純に数えてまだ十六歳だから、数年飛び級したほどの大秀才だったのだろう。高校の頃から、十九世紀のロシアやフランスの文豪の作品を読んでいたほど多感な青年だった。そういえば、ケインズの愛弟子、ロイ・F・ハロッドも、晩年、経済学者はもっと優れた文学作品を読み、人間の感情を理解する努力をしなければならないと強調していたが（『社会科学とは何か』清水幾太郎訳、岩波新書、一九七五年）、この時代の経済学者は、現在よりも読書の幅が広く、教養も深かったと思う。

さて、ソローがハーバードの一年目で関心を持ったのは、初等経済学を除くと、タルコット・パーソンズの社会学と、クライド・クルックホーンの人類学だった。これは私には意外だったが、両者ともにその道の大家であり、経済学者になる前に、経済学の隣接領域の良質な授業を受けられたことは幸運であった。

従軍経験

だが、第二次世界大戦時中だった一九四二年の終わりまでに（まだ十八歳である）、もっと緊急にやるべきことがあるように思えて、学業を一時中断し、軍隊に入った。彼は、回想文のなかで、北アフリカ、シチリア、イタリア半島で三年間、軍隊生活を送ったことが、自分の性格を形づくったと言っているが、その意味は、「結束の固い集団の一員として、困難な仕事を熟練と相互忠誠心をもってやりとげる」重要性を学んだということのようだ。

ニューヨーク・タイムズ電子版の訃報記事（二〇二三年十二月二十一日付）によると、アメリカ軍は、ドイツ語に堪能で、モールス信号にも習熟しているソローの才能を頼りにしていたという。ドイツ語もモールス信号も、つかの間の学生時代に学んだものだが、現代の経済学者は専門外の知識が生きていくうえでどれだけ大切かをあまり強調しなくなったので、ここに記しておきたい。

大戦終了後の一九四五年、ソローはハーバード大学に戻るが、経済学を専攻することを決意し、幸運にも、ワシリー・レオンチェフ（投入産出分析の業績で一九七三年度のノーベル経済学賞を受賞）が指導教授になった。経験的・実証的な仕事を重視するレオンチェフの下で学び、彼の研究助手もつとめたことは、彼の後の経済学者としてのキャリアに大きな影響を与えた。統計学や確率モデルに関心を持っていたので、一年間、その分野の専門家が揃っているコロンビア大学でも学んでいる。

サムエルソンと切磋琢磨

だが、一九五一年にハーバード大学の経済学博士号（同大学のデイヴィッド・ウェルズ賞を受賞）を取得したあとの業績は、ほとんど全部、長年奉職したMIT時代に成し遂げられたものだと言ってもよい。なにしろ、彼の研究室は、同じくハーバード大学で博士号を取得してからMITに移ってきた、あの「天才」サムエルソンの隣にあり、両者は緊密に切磋琢磨しながら現代アメリカ経済学の興隆を担っていくのだ（MITニュース電子版、二〇二三年十二月二十二日付）。

ソローの業績の中で現在では経済学部の一年生でも知っているのは、「新古典派成長理論」と呼ばれるモデルである（「経済成長理論への一貢献」一九五六年二月）。これは、専門的に言うと、集計的な生産関数を用いながら、資本係数が可変的であれば、均衡成長経路が安定的になることを論証した仕事である。このモデルは現代成長理論の基礎なので、マクロ経済学の授業で必ず習うものだ。

この仕事の「系」として、同じく集計的生産関数を用いた仕事に、現在「成長会計」と呼ばれている仕事がある（「技術変化と集計的生産関数」一九五七年八月）。これは、測定できる限りの投入要素をひとまとまりにして指標を作り、経済成長率とその指標の伸び率との比較から技術進歩率を推計するというもので、「ソローの残差」とも呼ばれている。ソローは、この論文から、単なる労働投入量の増加や資本増加よりも技術進歩（シュンペーター流にいえば「イノベーション」）こそが経済成長の最も重要な源泉であるという示唆を得た。

その後、イノベーションに関する研究は、経済学でも経営学でも膨大な量が積み上がっている。マクロ経済学の授業でも、技術進歩をソローのように経済体系の外から与えるのではなく、体系の中で「内生的」に説明する様々な内生的経済成長理論を学ぶようになったが、いまだに「決定打」というものはないのではなかろうか。イノベーションの必要性が長らく語られ続けながら、いまだにそれを実現しきれていないわが国の現状を見ても、そのことは察することができよう。
ソローは、ケネディ政権のとき、大統領経済諮問委員会のシニア・エコノミストとして働いたこともある。サムエルソンと同じくリベラルな立場の人だったが、そのリベラル度は同政権の駐インド大使に任命されたジョン・ケネス・ガルブレイスのそれよりも穏健なものだった。というよりも、ソローは、ガルブレイスの『新しい産業国家』（一九六七年）を学術的な価値はないと酷評した一人だったから、ソローがリベラルならガルブレイスはラディカルというべきだったかもしれない。もうこの三人ともこの世にはいなくなった。一抹の寂しさを感じざるを得ない。

（二〇二四年二月二十五日）

あとがき

昨年（二〇二三年）の二月、入試直前の頃、日経文化部で読書面を担当するK記者から突然電話がかかってきた。日経夕刊一面エッセイを担当中の方が近く日本銀行副総裁に転じる予定なので、公での発言が制限される。その代役を三月中旬から引き受けてくれないか、と。

本当に入試直前の日で、ちょっと慌てた。数時間後にお返事すると言って、その場は一度電話を切った。そのとき、すでに日経フィナンシャルで五週に一度くらいの間隔で経済思想のコーナーを担当していたが、今回はより広い読者を対象にしたエッセイである。そんなエッセイを何十回も書くテーマはあるだろうかと自問したが、思い付くだけで数十回は行けそうだったので、そのうち他のテーマも思い浮かぶだろうと直感的に思った。数時間後、K記者に正式に承諾の返事をした次第である。

私は京都に住んでいるので、京都の季節ネタは必ず取り上げようと思った。桜、祇園祭、大文字の送り火、紅葉など。それとともに、経済に限らず、文化や歴史や音楽などを幅広く取り上げたエッセイの構想が浮かび上がった。結果的にそれが成功したかどうかは、読者の判断にゆだねるしかない。

私は、経済学を学ぶ者も、経済学以外の幅広い分野での仕事に関心をもち、みずからの教養を高める努力をするべきだと考えている一人である。「教養」と呼べるほどの立派なものでなくてもよいが、経済学の世界での数学や統計学しか扱わない研究者ばかりが増えるのは、長い目で見ると、学生の教育上よろしくない結果を招くのではないか。学生は経済学に深入りする前に、ほかの分野に関心のあることがほとんどであり、彼らとの対話ができなければ、専門分野だけの教師で終わってしまう。

私自身のことを振り返ってみても、若い頃、社会学者で偉大な教養人だった清水幾太郎と知り合えたことがその後の学者人生にどれほど深い影響を与えたかは計り知れない。その後師事した二人の経済学者（菱山泉と伊東光晴）も、博覧強記の教養人であった。菱山先生は興が乗れば祇園で二上がり新内を歌い、伊東先生は喋り出せば何時間でも専門外のことで講釈ができるほどの達人だった。自分自身がそれほどの教養人になれていないことが心残りではあるが、本書はまだ研鑽を積みつつある一人の人間の中間報告として読んでいただければ幸である。

コロナ禍を経て大学教育の場もほぼ平常化されたので、京都大学での（定年までの）残りの数年間の日々を学生たちと楽しく対話できるのを楽しみにしているところである。

根井雅弘

初出一覧

▼日本経済新聞夕刊「あすへの話題」

春の訪れ（2023年3月23日）／桜（3月30日）／むごい運命（4月6日）／オンライン授業（4月13日）／大河ドラマ（4月20日）／独立の気概（4月27日）／名前の読み方（5月11日）／福沢諭吉とミル（5月18日）／ジャズと即興（5月25日）／ケインズ伝（6月1日）／イノベーション（6月8日）／学問とゆとり（6月15日）／祇園祭（6月22日）／夏目漱石の講義（6月29日）／秋月鶴山と上杉鷹山（7月6日）／ウルトラセブンと音楽（7月13日）／歴史総合（7月20日）／江戸の文人（7月27日）／真夏のワーグナー（8月3日）／送り火（8月10日）／経済思想史家の悩み（8月17日）／経済学者と映画（8月24日）／朗読を聴く楽しみ（8月31日）／クラシックの教訓（9月7日）／向学心（9月14日）／読書（9月21日）／深まる思い出（9月28日）／アントレプレナー（10月5日）／名刀「義元左文字」（10月12日）／語学は役に立たない?（10月19日）／「貴公子」の真の姿（10月26日）／宮澤賢治とクラシック（11月2日）／紅葉と歴史（11月9日）／哲学者の茶目っ気（11月16日）／カレンダー（11月30日）／ゆたかな社会とは（12月7日）／松の廊下（12月14日）／左手のピアニスト（12月21日）／卒業論文（12月28日）

▼日経フィナンシャル連載「知の旅、美の道」

シュンペーターの「予言」、資本主義の盛と衰（2021年6月20日）／英オックスフォード、理論家ヒックスが学んだもの（8月1日）／資本主義、グレートリセットは困難（9月12日）／ケインズ政策の本質、政府の規模ではない（12月5日）／米経済思想、自由放任だけが「専売特許」ではない（2022年2月6日）／「科学」偏重に抗す、経済理論家ハイエクの哲学（3月20日）／異端派ガルブレイス、名文が伝える米国の「貧しさ」（5月1日）／アダム・スミス、自由放任と異なる「自由主義者」（6月12日）／インフレの是非、イノベーション要因に着目（7月31日）／マーシャルの「経済騎士道」、財界トップが実践（9月11日）／企業家論、「シュンペーター絶対主義」に注意（10月30日）／人文学と経済学、「知識の発展は飛躍的に生ずる」（12月11日）／米国標準を日本に、有言実行の経済学者・小宮氏（2023年2月12日）／シカゴ学派、巨頭ナイトは複眼の持ち主（4月2日）／偉大な経済理論家ワルラス、条件の平等を重視（6月4日）／経済学の泰斗高田保馬、思想の原点は社会学（7月30日）／パレート、経済理論家とは違うもう一つの顔（9月17日）／生誕140年に思う「ケインズもシュンペーターも」（11月12日）／マーシャルが説く企業家の資質、没後100年で再考（2024年1月7日）／ロバート・ソローをしのぶ、成長理論でノーベル賞（2月25日）

著者略歴
根井雅弘（ねい・まさひろ）
一九六二年生まれ。一九八五年早稲田大学政治経済学部経済学科卒業。一九九〇年京都大学大学院経済学研究科博士課程修了。経済学博士。現在、京都大学大学院経済学研究科教授。専門は現代経済思想史。『定本　現代イギリス経済学の群像』（白水社）、『経済学の歴史』（講談社学術文庫）、『経済学の考え方』（夕日書房）、『ガルブレイス』、『ケインズを読み直す』、『新版　英語原典で読む経済学史』、『英語原典で読む現代経済学』、『英語原典で読むシュンペーター』、『精選経済英文100』（以上、白水社）、他多数。

経済学の余白

二〇二四年　五　月一〇日　印刷
二〇二四年　六　月　五　日　発行

著　者 ©　根　井　雅　弘
発行者　岩　堀　雅　己
印刷所　株式会社三陽社
発行所　株式会社白水社

東京都千代田区神田小川町三の二四
電話　営業部〇三（三二九一）七八一一
　　　編集部〇三（三二九一）七八二一
振替　〇〇一九〇-五-三三二二八
郵便番号　一〇一-〇〇五二
www.hakusuisha.co.jp
乱丁・落丁本は、送料小社負担にてお取り替えいたします。

誠製本株式会社

ISBN978-4-560-09290-3
Printed in Japan